Suhrkamp BasisBiographie 9 Ludwig Wittgenstein

Leben Werk Wirkung

Joachim Schulte ist Autor mehrerer Bücher und zahlreicher Aufsätze über Ludwig Wittgenstein und Mitherausgeber der Kritischen Editionen von Wittgensteins Hauptwerken. Er gehörte zu den Nachlassverwaltern Wittgensteins, forscht derzeit im Rahmen eines DFG-Projekts zu Wittgenstein und lehrt Philosophie an der Universität Bielefeld.

Ludwig Wittgenstein

Suhrkamp BasisBiographie
von Joachim Schulte

Suhrkamp BasisBiographie 9 Erste Auflage 2005 Originalausgabe

Druck: Clausen & Bosse, Leck · Printed in Germany
Umschlag: Hermann Michels und Regina Göllner
ISBN 3-518-18209-9
Die Schreibweise entspricht den Regeln der neuen Rechtschreibung, Zitate werden in ihrer ursprünglichen Rechtschreibung belassen.

1 2 3 4 5 6 – 10 09 08 07 06 05

Inhalt

Anhang

Über das Behandeln philosophischer Fragen

Am 14. Oktober 1937 sitzt Wittgenstein in seiner norwegischen Hütte über dem Sognefjord und dem an die Ortschaft Skjolden grenzenden See. Er arbeitet an der Fortsetzung eines vor einem Jahr begonnenen Manuskripts, aus dem später das erste Drittel der *Philosophischen Untersuchungen* hervorgeht. Er unterbricht den Gedankengang, schreibt aber weiter in sein Manuskriptbuch, um – auf Englisch – eine Reflexion über das entstehende Buch zu notieren. Dieses Buch, meint er, sei eine Sammlung von *wisecracks* – also von schnoddrigen Bonmots –, aber keine unzusammenhängende Sammlung, sondern eine, die ein System bildet und durch die Anordnung der pointierten Bemerkungen bestimmte Konturen sichtbar macht.

Man darf annehmen, dass dieses Wort *wisecrack* bewusst gewählt ist und auf die hartgesottenen Detektive der von Wittgenstein gern gelesenen *pulp magazines* anspielt, die es sich selbst in der größten Bedrängnis nicht nehmen lassen, einen flotten Spruch zu äußern. In einer ähnlichen Lage sieht sich Wittgenstein: Als aufrechter Einzelgänger ist er bemüht, sein Ideal gegen die verdorbene philosophische Umwelt durchzusetzen, deren Heillosigkeit in ihrem Wesen liegt. Denn es ist das Theoretische selbst, das die Fragestellungen der Philosophen kontaminiert, das die verwirrten Denker glauben macht, an der Lösung derselben Probleme zu arbeiten wie ihre Vorgänger und durch immer raffiniertere Unterscheidungen und Hilfsmittel auf diesem Weg voranzukommen. Als ob Fortschritt in der Philosophie möglich wäre!

Aber Wittgenstein war natürlich kein Gegner der Philosophie oder der Philosophen. Der Reiz theoretischer Probleme war ihm ebenso vertraut wie die faszinierende Suche nach Antworten auf in der Tradition vorgegebene Fragen. Für Wittgenstein wurden die Werkzeuge des philosophischen Metiers allerdings zu einem Instrumentarium, dessen Einsatz oft im Nachweis der Nutzlosigkeit oder gar Sinnlosigkeit des eigenen Tuns resultiert. Philosophie kann eine Krankheit sein – eine Art Sucht, die am ehesten durch geschickt verabreichte Gaben des Gifts selber zu heilen ist. Es wird mit philosophischen Mitteln an der Philosophie herumgedoktert, und ebendieses Verfahren gibt Wittgensteins bedeutendsten Schriften – der frühen *Logisch-philosophischen Abhandlung* (*Tractatus logico-philosophicus*) und den postumen *Philosophischen Untersuchungen* – ihren dialektischen Schwung, der den empfänglichen Leser auf die Folter spannt und die rastlosen Interpreten vor immer neue Schwierigkeiten stellt.

Wittgensteins Ideal hat etwas mit der Heilung von Krankheiten unseres Verstandes zu tun: »Der Philosoph behandelt eine Frage; wie eine Krankheit«. Der Gedanke der Therapie ist auch deshalb so wichtig, weil dahinter die Möglichkeit einer Versöhnung des Theoretischen mit dem Praktischen zu erahnen ist: Diagnose und Heilverfahren stützen sich zwar auf theoretische Erkenntnisse, aber um fruchtbar zu werden, müssen sie mit praktischem Geschick und Einfühlungsvermögen dem Einzelfall angepasst werden.

Mitunter ist Therapie Selbsttherapie; so auch bei Wittgenstein. Offenbar haben viele Leser das gespürt, und nicht zuletzt daher rührt wohl das erhebliche Interesse an der Geschichte von Wittgensteins Leben, an dieser oft streng und asketisch wirkenden Person aus reichem Haus und aus jenem versunkenen Kakanien, dessen von Freud, Mahler, Kraus, Schönberg, Loos, Musil und all den anderen Wienern gestifteter Mythos unsere Kultur und damit unser Selbstverständnis so stark geprägt hat, dass wir es meistens kaum bemerken. Was diese Wiener und in höchstem Maß auch Wittgenstein auszeichnet, ist ein doppeltes Bedürfnis: Einerseits soll das Werk etwas durch und durch Persönliches sein; es muss erkennbar die eigene Handschrift tragen. Andererseits darf das, woran einem besonders liegt, nicht direkt ausgesprochen werden; das wäre aufdringlich – ein ästhetischer und zugleich ein ethischer Fauxpas, denn, so Wittgenstein, »Ethik und Ästhetik sind Eins«.

Die persönliche Handschrift der Werke Wittgensteins verdankt sich der unnachsichtigen Auseinandersetzung mit den eigenen Schwächen. Wir würden vielleicht sagen: mit den Schwächen des eigenen Denkens *und* den Schwächen des eigenen Charakters. Aber genau diese Trennung macht Wittgenstein nicht mit. Konsequenz ist alles, und um etwas Eigenes schreiben zu können, muss man – um mit Wittgenstein zu reden – mit sich selbst im Reinen sein. Wohl auch darum empfand er es als notwendig, in der kritischen Phase der Arbeit am ersten Manuskript der nachmaligen *Philosophischen Untersuchungen* vor Freunden und Verwandten Geständnisse abzulegen und sich zu Handlungen zu bekennen, die sein Gewissen belasteten. Bezeichnend ist auch die Antwort des jungen Wittgenstein auf die Frage seines Lehrers Bertrand Russell, in dessen Zimmer er, offenbar in tiefe Gedanken versunken, unruhig auf und ab ging: »Worüber denken Sie nach, Wittgenstein – über Logik oder Ihre Sünden?« Worauf Wittgenstein erwiderte: »Über beides.«

Jedes Detail ist wichtig, denn sonst übersieht man den unschuldig erscheinenden, aber – wie es in den *Philosophischen Untersuchungen* heißt – »entscheidenden Schritt im Taschenspielerkunststück«, und die Kritik an den die klare Sicht verstellenden philosophischen Theorien kann nichts mehr ausrichten. Doch Wittgensteins Stellung als einer der bedeutendsten Philosophen des 20. Jahrhunderts beruht nicht nur auf seiner Fähigkeit zur treffenden Kritik. Wichtiger ist wohl die Originalität seiner Fragestellungen und der Art, sie zu artikulieren. Die enorme Wirkung des *Tractatus* geht zweifellos auf die besondere Konstellation zurück, in der sich Logik, Sprachanalyse und Metaphysik dort präsentieren. Die *Philosophischen Untersuchungen* hätten gewiss nicht über Jahrzehnte hinweg als Grundbuch der neueren analytischen Philosophie gegolten, wenn ihr Autor nicht Begriffe wie »Sprachspiel« und »Familienähnlichkeit« geprägt und mit viel Phantasie Probleme wie die des Regelfolgens und der privaten Sprache ersonnen hätte.

Ihre Eindringlichkeit verdanken diese originellen Ideen aber nicht zuletzt dem Stil, in dem sie dargeboten werden, und dem Umstand, dass es zugleich der Stil ihrer Erarbeitung ist. Beim frühen Wittgenstein ist es der Stil des das Wesen der

Welt durchschauenden Logikers, in dessen Kristallkugel metaphysische Gedanken gespiegelt und zum Verschwinden gebracht werden. Der mittlere Wittgenstein ist vor allem ein Suchender, und daher ist es nicht verwunderlich, dass er in dieser Schaffensperiode zwar eine Vielzahl von Schriften, aber kein wirkliches *Werk* verfasst hat. Beim späten Wittgenstein sind Gedanke und Ausdruck wieder eins. Die gewichtigsten und originellsten Einsichten werden in bester Wiener Tradition ganz luftig und leicht vorgetragen, aber nicht ohne das Spezifische der geistigen Atmosphäre des Augenblicks in resignierter und zugleich ein wenig kesser Form zu erfassen – als *wisecracks* eben.

Leben

Kindheit und Jugend in Wien (1889-1906)

Geboren wurde Ludwig Josef Johann Wittgenstein am 26. April 1889 in Neuwaldegg bei Wien. Die dominierende Figur in der Familie war der Vater Karl, der es in der Stahlindustrie zu immensem Reichtum gebracht hatte und einen aufwendigen Lebensstil pflegte. Die Mutter Leopoldine (geb. Kalmus) blieb gern im Hintergrund, beeindruckte jedoch nicht nur den Kreis der Angehörigen durch ihr meisterliches Klavierspiel.

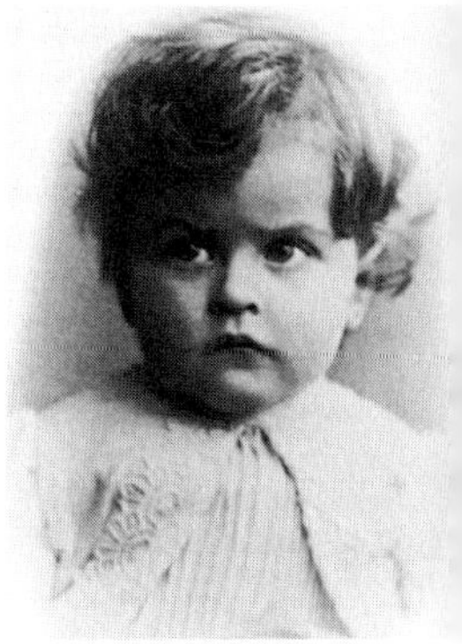

Ludwig Wittgenstein 1889, sechs Monate alt

Ludwig war von den acht Kindern der Wittgensteins das Nesthäkchen. Drei seiner vier Brüder begingen als junge Männer Selbstmord, zwei von ihnen wahrscheinlich, weil sie das Gefühl hatten, den Anforderungen nicht genügen zu können, die vor allem ihr Vater an sie stellte. Der vierte und jüngste von Ludwigs Brüdern, Paul, hatte als Konzertpianist bereits manchen Erfolg errungen, ehe er 1914 im ersten Kriegsjahr den rechten Arm verlor. Nicht weniger willensstark als Ludwig, lernte Paul nach der Verwundung selbst schwierigste Stücke mit seiner einen Hand zu spielen. Bei zeitgenössischen Komponisten wie Ravel und Richard Strauss gab er Werke für die linke Hand in Auftrag, mit denen er seine Konzerte bestreiten konnte.

Familienähnlichkeiten

Trotz des zum Teil erheblichen Altersunterschieds hatte Ludwig zu jeder seiner Schwestern ein ganz eigenes, inniges Verhältnis. Die 1874 geborene Hermine wurde – nach einer Figur des in der Familie viel gelesenen Fritz Reuter – von allen »Mining« gerufen. Sie war die Älteste und vor allem nach dem Tod des Vaters der ruhende Pol in der Familie. An Helene, genannt »Lenka«, hing Ludwig auch deshalb, weil er mit ihr so wunderbar »blödeln« konnte (FB, S. 202). In vieler Hinsicht am ähnlichsten war ihm Margarete (Gretl). Mit erstaunlichem Durchsetzungsvermögen gesegnet, verstand sie es, die Rolle der Dame aus besten Kreisen mit der einer durchaus nicht blaustrümpfigen Intellektuellen zu verbinden. Sie heiratete den naturwissenschaftlich interessierten, wohlhabenden

Margarete Wittgenstein-Stonborough. Gemälde von Gustav Klimt 1904/05

Amerikaner Jerome Stonborough, lebte aber – außer in Kriegszeiten – meistens in Österreich.

Ludwigs Vater war jüdischer Herkunft, seine Mutter war es väterlicherseits, doch das Judentum spielte in der völlig assimilierten Familie Wittgenstein keine Rolle. Wichtig war die Kunst in allen ihren Formen. Karl Wittgenstein war ein Mäzen und unterstützte etwa großzügig Gustav Klimt und die Wiener Sezessionisten, die im Elternhaus Ludwigs ein und aus gingen. Die größte Bedeutung für den Heranwachsenden hatte die Musik. Ludwig lernte zwar erst nach dem Ersten Weltkrieg ein Instrument spielen, brachte es aber im Pfeifen zu wahrer Meisterschaft. Offenbar hatte er ein sehr gutes musikalisches Gedächtnis.

Musik Natürlich wechselten seine musikalischen Vorlieben im Laufe des Lebens, doch die Symphonien Beethovens und fast alles von Mozart und Schubert standen ganz oben auf seiner Werteskala. In einem frühen Brief an Bertrand Russell nannte er Mozart und Beethoven die »wahren Göttersöhne« (Briefe, S. 22). Mehrere Freunde berichteten, dass er Schuberts großes C-Dur-Quintett ganz besonders schätzte. Brahms und Bruckner standen ebenfalls hoch im Kurs, wobei Bruckner

»[...] in biographischen Darstellungen wird betont, daß Ludwig Wittgenstein aus einer reichen jüdischen Familie stammt. Diese Betonung führt leicht dazu, daß man ein falsches Bild malt. Ich kannte ziemlich viele wohlhabende Menschen, die der kulturellen Elite Wiens angehörten; und insofern es Unterschiede zwischen jüdischen und nichtjüdischen Familien gab, muß ich sagen, daß der mir bekannte Teil der Familie Wittgenstein der letzteren Gruppe entsprach.« (Karl Menger, *Reminiscences of the Vienna Circle and the Mathematical Colloquium*, S. 74) für ihn zugleich »das gute Österreichische« verkörperte (VB, S. 24). Mahler hingegen, der als Dirigent gerade in Ludwigs Jugend das Wiener Musikleben bestimmte, fand als Komponist keine Gnade: Seine Musik sei »nichts wert«, heißt es in einer späten Notiz, in der Wittgenstein allgemeine Überlegungen über die Frage anstellt, ob man den Wert neuerer Werke mit denen der besten Zeit vergleichen könne. Charakteristischerweise schließt er mit einem Selbsttadel: »An so einen Vergleich sollte man gar nicht denken. Denn wenn die Umstände heute wirklich so anders sind als die frühern, daß man sein Werk der *Art* nach nicht mit den früheren Werken vergleichen kann, dann kann man auch den *Wert* nicht mit dem eines andern vergleichen. Ich selbst mache immer wieder den Fehler, von dem hier die Rede ist« (VB, S. 131).

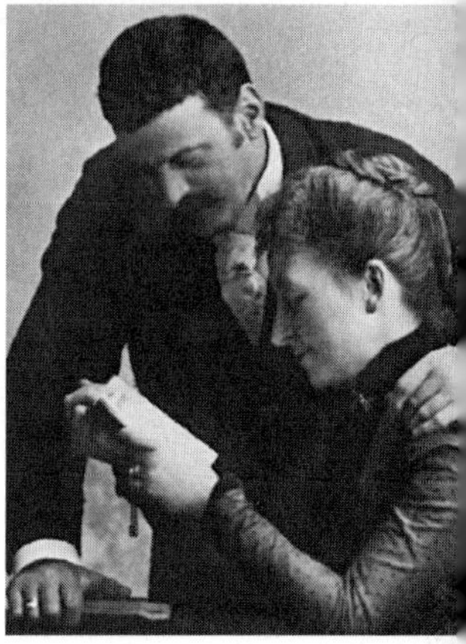

Karl und Leopoldine Wittgenstein

Die Literatur spielte desgleichen eine große Rolle im Hause Wittgenstein und bei den Gesprächen in der Wiener Alleegasse, wo das wuchtige, ja erdrückende Palais der Familie stand, in der Neuwaldegger Villa oder auf dem niederösterreichischen Familiengut Hochreit. Die Kenntnis klassischer deutscher Autoren wie Lessing, Goethe und Schiller war eine Selbstverständlichkeit. Noch sehr viel später äußerte Wittgenstein seine Vorliebe für die Prosa von Lessings theologischen Streitschriften. Goethe-Zitate finden sich in manchen Manuskripten, Anspielungen auf Schiller ebenfalls. Zu Wittgensteins Lieblingsautoren gehörten Eduard Mörike, dessen Gedichte er seinem Freund Russell empfahl, Gottfried Keller – seine Novellen verschenkte er immer wieder – und Johann Peter Hebel. Geschichten aus Hebels *Schatzkästlein des rheinischen Hausfreunds* benutzte Wittgenstein während seiner sechsjährigen Volksschullehrertätigkeit als Lektüre im Deutschunterricht; und als er 1927 seinen verstauchten Knöchel in der Wohnung Gretls pflegte, versammelten sich die Besucher ihres Salons um das Bett des Verletzten, der ihnen aus dem *Schatzkästlein* vorlas. Gern zitierte Wittgenstein auch den von ihm bewunderten Aphoristiker Lichtenberg, der an

Literatur

mancher Stelle auf die Möglichkeit der Irreführung durch Missverständnisse der Sprache hinweist. Zu den aus dem Elternhaus bekannten Autoren zählt schließlich Schopenhauer, über dessen Stil er sich noch in den letzten Jahren Gedanken machte.

Eine bedeutsame Rolle in Wittgensteins Denken spielten die österreichischen Autoren, deren Schriften er die Mottos seiner beiden Hauptwerke entnahm. Die *Logisch-philosophische Abhandlung* steht unter der von Ferdinand Kürnberger stammenden Devise »... und alles, was man weiß, nicht bloß rauschen und brausen gehört hat, läßt sich in drei Worten sagen«.
Vgl. S. 87 Das Motto der *Philosophischen Untersuchungen* ist dem Stück *Der Schützling* von Johann Nestroy entnommen. Mit Grillparzer war Wittgenstein ebenfalls von klein auf vertraut, und er zitierte ihn mehrfach in seinen Manuskripten.

Die Bekanntschaft mit den von Wittgenstein im Laufe seines Lebens immer wieder gelesenen und manchmal höher als alle anderen geschätzten großen russischen Schriftstellern Dostojewski und Tolstoi gehört einer etwas späteren Zeit an als die der bisher genannten Autoren, die Wittgenstein alle schon recht früh las und deren Bücher in den Bibliotheken der verschiedenen Häuser der Familie standen. Die Auseinandersetzung mit Dostojewski und Tolstoi hat sicher manche Lebensentscheidung Wittgensteins beeinflusst (zum Beispiel die Preisgabe des Vermögens und die Wahl des Lehrerberufs), und wahrscheinlich hatte der um 1935 erwogene Plan einer Übersiedlung in die Sowjetunion mehr mit den *Brüdern Karamasow* und mit *Hadschi Murat* zu tun als mit politischen Vorstellungen.

Der Unterricht in einigen Schulfächern fand zu Hause statt. Paul und Ludwig wurden, ebenso wie ihre Geschwister, von Hauslehrern unterrichtet, bis der Vater 1903 feststellte, dass sie zu wenig gelernt hatten. Daraufhin wurden die beiden auf öffentliche Institute geschickt, und Ludwig kam für drei Jahre an eine Oberrealschule in Linz. Seine schulischen Leistungen waren alles andere als glänzend, aber die so erworbene Matura berechtigte ihn zur Aufnahme des angestrebten Studiums der Ingenieurwissenschaften. Diese Wahl dürfte nicht nur seinen

Ludwig Wittgenstein mit Bruder Paul

Vater erfreut haben, sondern entsprach auch Ludwigs technischer Begabung, die er schon früh unter Beweis gestellt hatte. Seine Freude an klar durchschaubaren Maschinen bewahrte er sich bis ans Lebensende.

Studium (1906-1914)

Gern hätte Wittgenstein bei dem an der Wiener Universität lehrenden Physiker Ludwig Boltzmann studiert, dessen Schriften er schon als Schüler gelesen hatte. Die Erfüllung dieses Wunsches wurde durch Boltzmanns 1906, also im Jahr von Ludwigs Schulabschluss, verübten Selbstmord vereitelt. Wittgenstein ging nach Berlin an die Technische Hochschule Charlottenburg, damals ein Institut von Weltrang. Er belegte die üblichen Grundkurse, kleidete sich sorgfältig und wurde ein fleißiger Besucher der Oper. Nach eigenen Erzählungen soll er während der Berliner Zeit ungefähr 30 Aufführungen von Wagners *Meistersingern* besucht haben. Bei seinen Wirtsleuten, einem Professor Jolles und dessen Frau, machte er vielleicht zum ersten Mal die Erfahrung, wie wichtig für ihn der *richtige* Abstand zu anderen Menschen war: Einerseits brauchte er menschlichen Kontakt, andererseits konnte ihn zu große Nähe zur Verzweiflung treiben.
Nach drei Semestern in Berlin entschied sich Wittgenstein, an das sehr viel kleinere College of Technology in Manchester zu wechseln. Die intimere Atmosphäre dort und die Möglichkeit

zu selbständiger Experimentier- und Forschungstätigkeit waren ganz nach Wittgensteins Geschmack. Er schloss Freundschaften, beteiligte sich an flugtechnischen und meteorologischen Versuchen und widmete sich theoretischen Studien, die über den Rahmen der Ingenieurwissenschaften hinausgingen. Vermutlich nahm er Kontakt zu dem in Manchester lehrenden Philosophen Samuel Alexander auf. Außerdem begann er sich mit mathematischen Grundlagenproblemen zu beschäftigen und versuchte, eine Lösung der Russell'schen Antinomie auszuarbeiten.

Frege und Russell

Es ist gut möglich, dass er sowohl Gottlob Freges *Grundgesetze der Arithmetik* als auch Bertrand Russells *Principles of Mathematics* gelesen hatte, ehe er im Sommer 1911 beschloss, dem damals kaum bekannten, aber heute (nicht zuletzt dank Wittgensteins Interesse) als Vater der modernen Logik und Großvater der analytischen Philosophie geltenden Mathematikprofessor Frege einen Besuch in Jena abzustatten. Vermutlich auf Anraten Freges ging Wittgenstein nach Cambridge und wandte sich dort an Bertrand Russell, der seit kurzem – nach Abschluss des dritten Bands der gemeinsam mit A.N. Whitehead verfassten *Principia Mathematica* – im Trinity College Philosophie lehrte.

Der Jenaer Mathematiker Gottlob Frege

Über die folgenden Ereignisse sind wir durch Russells Briefe an seine damalige Geliebte Lady Ottoline Morrell aufs beste und amüsanteste unterrichtet. Zuerst glaubte Russell es mit einem vielleicht begabten, vielleicht aber nur sich selbst überschätzenden Exzentriker zu tun zu haben, der ihn ständig aufsuchte und zu Diskussionen herausforderte. Aber schon nach recht kurzer Zeit merkte Russell, dass er ein ganz außergewöhnliches Talent vor sich hatte, das er unbedingt fördern wollte.

Cambridge

Anfang 1912 immatrikulierte sich Wittgenstein an der Universität Cambridge und begann als Angehöriger des Trinity College offiziell mit dem Philosophiestudium. Mit seinem Logiktutor W. E. Johnson kam es bald zum Streit, da Wittgenstein nicht bereit war, den gebotenen Stoff einfach zu akzeptieren und zu lernen. Er hörte G. E. Moores Vorlesungen über Psy-

»Ich sagte ihm, er solle nicht einfach bloß behaupten, was er für wahr hält, sondern dafür argumentieren, doch er antwortete, durch Argumente würde die Schönheit des Gedankens beeinträchtigt, und dann hätte er das Gefühl, wie wenn man mit unreinen Händen eine Blume beschmutzt. Ich bin wirklich von ihm angetan – in Verstandesdingen ist das künstlerische Element so überaus selten. Ich sagte ihm, mir fehle der Mumm, irgend etwas dagegen einzuwenden, doch er solle sich besser einen Sklaven halten, der statt seiner die Argumente anführt. Ich befürchte wirklich, daß niemand den Sinn seiner Äußerungen einsehen wird, denn er weigert sich, sie durch Argumente, die einem fremden Standpunkt zugänglich sind, schmackhaft zu machen.« (Bertrand Russell an Ottoline Morrell, 28. 5. 1912; zit. n. McGuinness 1988, S. 175)

chologie, und fast täglich ging er zu Russell, um mit ihm über Logik zu diskutieren. Im Juli besuchte Hermine ihren Bruder Ludwig in Cambridge. Als beide von Russell zum Tee eingeladen waren, eröffnete ihr dieser: »›We expect the next big step in philosophy to be taken by your brother.‹ Das zu hören, war für mich etwas so Unerhörtes, Unglaubliches, daß mir's einen Augenblick tatsächlich schwarz vor den Augen wurde« (zit. n. Rhees 1987, S. 24).

Der elitäre Cambridger Klub der »Apostel«, dem unter anderem Russell, Moore, John Maynard Keynes, Lytton Strachey

Bertrand Russell, John Maynard Keynes, Lytton Strachey

Der Student Ludwig Wittgenstein

und andere bekannte Intellektuelle angehörten, bemühte sich um Wittgensteins Mitgliedschaft. Vor allem in dem wenig jüngeren David Pinsent fand er einen Freund, mit dem er sich über alles, was ihn bewegte, unterhalten konnte. So erfuhr Pinsent auch, dass Wittgenstein an Depressionen litt und Selbstmordgedanken hegte. Zusammen mit Pinsent führte er an dem gerade im Aufbau begriffenen Institut für experimentelle Psychologie Versuche durch.

Mit Pinsent in Island

Im September 1912 unternahmen die beiden Freunde eine von Wittgensteins Vater finanzierte gemeinsame Reise nach Island. Aus Pinsents erhaltenem Tagebuch geht hervor, dass mit Geld nicht gespart wurde. Alles war vom Feinsten: Sie reisten 1. Klasse, stiegen in den besten Hotels ab und tranken Champagner, wenn ihnen danach war. Wittgenstein beklagte sich über »spießbürgerliche« Ansichten und Verhaltensweisen – ein Vorwurf, den er selbst dem gutmütigen Pinsent nicht ersparte. Was die Freundschaft der beiden zementierte, war ihre Musikbegeisterung: Sie musizierten gemeinsam, das heißt, Wittgenstein pfiff die Melodiestimme, und Pinsent begleitete ihn am Klavier.

David Pinsent

Während des Studiums bildete sich ein Muster heraus, das auch in Wittgensteins späteren Cambridger Jahren seinen Lebensrhythmus bestimmte: Die Trimester (Michaelmas, Lent und Easter Term) verbrachte er in Cambridge, Weihnachten in Wien bei der Familie, Ostern und zumindest einen Teil des Sommers in Neuwaldegg oder auf der Hochreit. Diesen österreichischen Ferien verdanken wir einige der ersten erhaltenen philosophischen Äußerungen Wittgensteins, denn häufig schrieb er an Russell, und diese Briefe enthalten manchen Hinweis auf die logisch-philosophischen Probleme, die den beiden damals zu schaffen machten.

Erstmals in Norwegen

Im Sommer 1913 fuhren Wittgenstein und Pinsent wieder gemeinsam in die Ferien, diesmal nach Norwegen. Sie segelten und musizierten, aber es wurde trotzdem recht viel gearbeitet: Pinsent büffelte römisches Recht, Wittgenstein brütete über einem Manuskript, das zwar nicht erhalten ist, dessen Inhalt aber trotzdem teilweise bekannt ist. Aus Norwegen schrieb Wittgenstein an Russell und bat diesen, ihm seine neuesten Gedanken mündlich mitteilen zu dürfen. Russell willigte ein, und sobald Wittgenstein wieder in England war, traf er sich mit seinem Lehrer und trug ihm seine Überlegungen vor. Russell wurde daraus nicht klug und zog einen Stenographen hinzu, der Wittgensteins Äußerungen mitschrieb. Auf der Basis dieser Notizen und einiger von Russell übersetzter Manuskriptauszüge stellte dieser ein etwa 20 Seiten umfassendes Skript zusammen – die »Notes on Logic«, den ersten

Vgl. S. 55 f.

Wittgenstein »hat krankhafte Angst davor, daß er vielleicht stirbt, ehe er die Typentheorie [Russells] in Ordnung gebracht und seine ganze übrige Arbeit in solcher Form niedergeschrieben hat, daß sie der Welt verständlich und für die Wissenschaft der Logik von Nutzen ist. Er hat schon eine ganze Menge geschrieben – und Russell hat versprochen, die Arbeit im Falle von Wittgensteins Tod zu veröffentlichen –, aber er ist sicher, daß das bisher Geschriebene nicht gut genug formuliert ist, um seine wirklichen Gedankengänge usw. völlig klarzustellen – und die Verfahrensweisen sind natürlich mehr wert als die Endergebnisse. Ständig sagt er, bestimmt werde er in den kommenden vier Jahren sterben – aber heute war von zwei Monaten die Rede. – Gegen 8 waren wir wieder im Hotel und aßen zu Abend. Später haben wir viel Schubert musiziert und anschließend wie üblich Domino gespielt.« (Aus Pinsents Tagebuch, 17. 9. 1913; zit. n. von Wright 1990, S. 75)

Überblick über Wittgensteins philosophische Gedanken dieser Zeit.

Kaum hatte er Russell dieses Material überlassen, reiste Wittgenstein wieder nach Norwegen, um dort in Ruhe zu arbeiten. Das Leben in Cambridge hätte ihn zu sehr abgelenkt. Sein Quartier bezog er in Skjolden am Sognefjord, wo er sich an einer landschaftlich besonders schönen Stelle eine Hütte bauen ließ, in der er in späteren Jahren hin und wieder Ferien machte und 1936/37 über ein Jahr verbrachte, in dem die ersten Fassungen des Anfangsdrittels der *Philosophischen Untersuchungen* und des I. Teils der *Bemerkungen über die Grundlagen der Mathematik* entstanden. Diesmal blieb er bis zum Frühsommer 1914 in Skjolden, wo er im April Besuch von G. E. Moore bekam, dem Wittgenstein Auszüge aus seinem Manuskript diktierte, die – ebenso wie die von Russell aufbewahrten »Notes on Logic« – erhalten sind und über den damaligen Stand der Arbeit Aufschluss geben.

Vgl. S. 55 ff.

Erster Weltkrieg und Gefangenschaft (1914-1919)

Seit dem Tod des Vaters im Januar 1913 war Wittgenstein im Besitz eines großen Vermögens. Als er im Juli 1914 nach seinem Norwegen-Aufenthalt wieder nach Wien kam, beschloss er, einen Teil des Geldes zur Unterstützung bedürftiger österreichischer Künstler zu verwenden, und bat Ludwig von Ficker, den Herausgeber der von Karl Kraus gelobten Zeitschrift *Der Brenner*, ihm bei der Aufteilung der ins Auge gefassten 100 000 Kronen zu helfen. Ficker besuchte Wittgenstein unmittelbar vor der Kriegserklärung an Serbien in Neuwaldegg, wo sie gemeinsam die Liste der Geförderten festlegten, zu denen die Dichter Rainer Maria Rilke, Georg Trakl und Else Lasker-Schüler, der Maler Oskar Kokoschka und der Architekt Adolf Loos zählten.

Die Villa der Familie Wittgenstein in Neuwaldegg

»Es dunkelte bereits, als das Taxi vor dem geöffneten Gartentor eines Herrschaftssitzes im Neuwaldegger Parkgelände hielt. Das Gebäude selbst, nur noch undeutlich auszunehmen, lag tiefer garteneinwärts, aber die Aufgangsterrasse war hell beleuchtet, und da stand auch schon, mich erwartend, die schlichte Gestalt des jungen Mäzens: ein Bild ergreifender Einsamkeit auf den ersten Blick (an Aljoscha etwa oder Fürst Myschkin bei Dostojewski erinnernd). Kaum hatte er mich bemerkt, als er die paar Stufen herabstieg, auf dem breiten Kiesweg mir entgegenkam und nach herzlicher Begrüßung mich ins Haus geleitete.« (Ludwig von Ficker 1954; zit. n. McGuinness 1988, S. 323 f.)

Erste Kriegseinsätze

Gleich nach Kriegsausbruch meldete sich Wittgenstein freiwillig und wurde trotz früherer Befreiung vom Militärdienst sofort genommen. Praktisch ohne Ausbildung kam er zur Artillerie und wurde dort schon Mitte August auf einem die Weichsel befahrenden Wachtschiff eingesetzt. Der Dienst war gefährlich, und die erhaltenen Kriegstagebücher Wittgensteins zeigen, dass er trotz aller Tapferkeit große Angst ausstehen musste. Besonders litt er unter dem Zusammenleben mit den anderen Soldaten, deren Sitten und Manieren ihm größtes Unbehagen bereiteten.

Gegen Ende des Jahres wurde Wittgenstein erst zum Dienst in einer Artilleriewerkstätte in Krakau, danach zu einem Werkstättenzug in der Nähe von Lemberg versetzt. Er war aufgrund seiner technischen und organisatorischen Fähigkeiten bei den Vorgesetzten beliebt und wurde oft als Gleichrangiger behandelt. Im Frühjahr 1916 kam er zu einem Haubitzenregiment in Galizien, wo er im Rahmen der Brussilow-Offensive an zahlreichen Kämpfen teilnahm und sich durch äußerste Tapferkeit auszeichnete. Er wurde mehrmals befördert und nach Abflauen der Frontkämpfe auf die im mährischen Olmütz gelegene Offiziersschule der Artillerie geschickt.

Ein wichtiges Ereignis der ersten Kriegsmonate war der Zufallskauf von Tolstois *Erläuterungen zu den Evangelien*. Das Buch, in das sich Wittgenstein von nun an häufig vertiefte, gehörte zu einer ganzen Reihe religiöser, mystischer und religionspsychologischer Schriften, die er als Student, als Soldat und auch später hin und wieder las. Am Anfang stand wohl William James' Buch über die Formen religiöser Erfahrung, dann folgten Kierkegaard und andere Autoren, die seinen mystischen Neigungen entgegenkamen.

Philosophische Tagebücher aus der Kriegszeit

Erstaunlich ist, dass Wittgenstein die Kraft und die Konzentration aufbrachte, selbst an schlimmen Kriegstagen an seinen philosophischen Notizen weiterzuarbeiten. Insgesamt sind drei Tagebücher aus der Kriegszeit erhalten. In den ersten beiden, die den Zeitraum von August 1914 bis Juni 1915 umfassen, wurden im Wesentlichen die logischen Themen, um die es schon in dem durch Russells und Moores Auszüge überlieferten Manuskript gegangen war, aufgegriffen und weiterverfolgt. Hinzu kamen bildtheoretische Erörterungen und allgemeine Überlegungen zur Sprachanalyse, aber der Charakter der Aufzeichnungen ist im Großen und Ganzen der gleiche wie vorher. Das änderte sich im dritten Kriegstagebuch, das er von Mitte April 1916 bis Januar 1917 führte. Nun ist vom Willen und vom Schicksal, von Gott und vom Ethischen, von Solipsismus und vom Selbstmord die Rede. Diese der philo-

sophischen Arbeit gewidmeten Eintragungen stehen zumeist auf den rechten Seiten der Tagebücher; auf den linken werden in einer simplen, auch von anderen Familienmitgliedern benutzten Geheimschrift Stimmungen, die Ereignisse des Tages und Gefühle geschildert. Außerdem finden sich Hinweise auf gelesene Bücher und die Absender der empfangenen Briefe.
Der gewandelte Ton der philosophischen Notizen war nichts Äußerliches, sondern nach Wittgensteins eigenen Aussagen gingen die neueren Überlegungen aus den logisch-sprachanalytischen Gedanken hervor: »Ja, meine Arbeit hat sich ausgedehnt von den Grundlagen der Logik zum Wesen der Welt«, notierte er am 2. August 1916 in sein Tagebuch (WW 1, S. 174). Vgl. S. 56
In dieser veränderten Stimmung kam er nach Olmütz, wo er den pazifistisch gesinnten Loos-Schüler Paul Engelmann kennen lernte. In der Wohnung von Engelmanns Eltern traf sich ein Kreis junger Leute, die musizierten, Theater spielten und vor allem ständig über jene ethischen und ästhetischen Fragen sprachen, die auch Wittgenstein fesselten. Diese Themen

»Ein Urteil über den kleinen Kreis, den er in meinem Hause traf, über meine damaligen Kollegen und mich, gab mir Wittgenstein einmal, wie ich glaube, bei seiner Abreise nach diesem ersten längeren Aufenthalt in Olmütz, mit den Worten: ›Intelligenz ist da – zum Schweinefüttern.‹ Dieser österreichische Ausdruck, wie er solche mit Vorliebe gebrauchte, könnte ohne die folgende Bemerkung gründlich mißverstanden werden; er hat zwar etwas leicht Herabsetzendes, aber nur in *dem* Sinn, wie etwas überreichlich Vorhandenes nicht als besonders wertvoll erscheint; denn er will nur sagen: davon ist so viel da, daß man damit (wie mit einem im Überfluß vorhandenen Lebensmittel) auch noch Schweine füttern könnte ...« (Paul Engelmann, *Briefe und Begegnungen*, S. 47)

kehren in Wittgensteins Briefen an seinen Freund Engelmann wieder, dessen Erinnerungen an Wittgenstein zu den eindrucksvollsten Berichten über diesen schwierigen Ausnahmemenschen gehören.

Freundschaften

Freundschaften spielten in Wittgensteins Leben eine enorm wichtige Rolle. Er reagierte zwar äußerst empfindlich und nicht selten zornig und in kränkender Form auf Verhaltensweisen und Äußerungen, die ihm nicht behagten, aber andererseits brauchte er in seiner Nähe Menschen, mit denen er auf die ihm gerade genehme Weise verkehren konnte. In den Monaten größter Zurückgezogenheit (1936/37 in Norwegen, 1948/49 in Irland) war die Einsamkeit auch ein Opfer, und stets gab es Unterbrechungen, zumindest Unterhaltungen mit Einheimischen, denen Wittgenstein eine Zeitlang etwas abzugewinnen wusste.

Bei den österreichischen Freunden gab es ein bestimmtes Muster: Sie wurden, sobald es ging, in die Familie eingeführt und bekamen dort eine bestimmte Rolle zugewiesen. Engelmann wurde nicht nur zu Gastlichkeiten eingeladen, sondern erhielt darüber hinaus Aufträge als Innenarchitekt, und 1925/26 begann er mit den Plänen für Gretl Stonboroughs Wiener Haus in der Kundmanngasse. Den Pädagogen Ludwig Hänsel, den Wittgenstein 1919 in der Kriegsgefangenschaft kennen lernte, fragte Hermine um Rat in Erziehungsdingen und ließ ihn eine Mittlerrolle zwischen Ludwig und den Geschwistern spielen. Der Lehrer Rudolf Koder, mit dem Wittgenstein 1923 Freundschaft schloss und häufig musizierte, kam, sobald er nach Wien gezogen war, ebenfalls unter die Fittiche der übrigen Wittgensteins. Er nahm Klavierstunden bei Paul, spielte vierhändig mit Hermine und Helene und pflegte freundschaftliche Beziehungen zu vielen anderen Angehörigen.

Daneben gab es Freunde, die schon mit der Familie verkehrten, ehe Wittgenstein ihnen begegnete. Das galt vor allem für Arvid Sjögren, mit dem er im Dezember 1919 nach Den Haag und 1921 nach Skjolden reiste und der später eine Tochter von Wittgensteins Schwester Helene heiratete. Marguerite Respinger, mit der Wittgenstein zwischen 1927 und den frühen dreißiger Jahren eine innige Freundschaft verband, zählte schon vorher zum Kreis der jungen Leute um

Marguerite Respinger mit John Stonborough und Arvid Sjögren

Gretl und deren Söhne. Auch englische Freunde Ludwigs hatten mitunter engen Kontakt zur Familie. So etwa Frank Ramsey, der die *Logisch-philosophische Abhandlung* (mit-) übersetzte und Wittgensteins wichtigster Gesprächspartner wurde, als er 1929 nach Cambridge zurückkehrte.

Neben den »gleichberechtigten« Freunden wie Pinsent und Engelmann gab es »jüngere« Freunde, bei denen Wittgenstein mit Erstaunen reagierte, wenn sie nicht auf ihn hörten. Dazu sind neben Arvid Sjögren und Marguerite Respinger noch einige Studenten zu rechnen, die zu Freunden wurden, wie zum Beispiel Rush Rhees, Norman Malcolm, Maurice O'Connor (»Con«) Drury, Yorick Smythies und andere. Wittgenstein brauchte aber auch »ältere« Freunde, die Ruhe ausstrahlten und aus seiner Sicht Verantwortung für wichtige Lebensentscheidungen oder Fragen des Alltags tragen konnten. Vor dem Ersten Weltkrieg hat Russell die Rolle des älteren Freunds gespielt. Später sollten Keynes, Moore und der fast zehn Jahre jüngere Piero Sraffa diesem Bedürfnis Wittgensteins entgegenkommen.

Abschluss der *Logisch-philosophischen Abhandlung*

Im Dezember 1916 verließ Wittgenstein Olmütz als Fähnrich der Reserve und ging wieder an die Ostfront. Im Frühjahr 1918 wurde er nach Italien verlegt. Bei den schweren Juni-Kämpfen um Asiago bewies er größte Tapferkeit und wurde erneut ausgezeichnet. Wohl auch aus gesundheitlichen Gründen erhielt er einen langen Urlaub. Da erfuhr er, dass David Pinsent bei einem Unfall ums Leben gekommen war; vermutlich auch deshalb hegte Wittgenstein Selbstmordgedanken. Auf dem bei Salzburg gelegenen Anwesen seines Onkels Paul erholte er sich ein wenig. Dort und dann auf der Hochreit beendete er die Arbeit an der *Logisch-philosophischen Abhandlung*, die er seinem verstorbenen Freund Pinsent widmete.

Widmung im Manuskript der *Logisch-philosophischen Abhandlung*

Von den drei bekannten Maschinenschriften dieses Texts ging eine an Karl Kraus' Verleger Jahoda, eine an Frege, und eine kam in Wittgensteins Tornister, um ihn an die Südfront zu begleiten, wo er Anfang November ebenso wie Hunderttausende seiner Landsleute in Gefangenschaft geriet.

Gefangenschaft in Cassino

Erst im Januar 1919 traf er im Lager von Cassino ein. Wie die anderen Internierten litt er unter den extremen klimatischen Verhältnissen, unter mangelhafter Ernährung und der Nähe ihm unliebsamer Menschen. Er fand aber auch Personen, denen er etwas abgewinnen konnte, und schloss Freundschaft mit Ludwig Hänsel und dem Bildhauer Michael Drobil, in dessen Atelier er später häufig zu Gast war und sogar eine Frauenbüste modellierte. Privilegien wie die von seinen Angehörigen betriebene vorzeitige Entlassung aus der Gefangenschaft lehnte er ab. In Anspruch nahm er hingegen die von Keynes vermittelte Möglichkeit zu Erleichterungen im Briefverkehr mit Russell, dem er schon bald das einzige korrigierte Exemplar der *Abhandlung* schickte. Im Begleitbrief vom 13. März 1919 heißt es: »Ich habe ein Buch mit dem Titel ›Logisch-philosophische Abhandlung‹ geschrieben, das meine gesamte Arbeit der letzten sechs Jahre enthält. Ich glaube, ich habe unsere Probleme endgültig gelöst. Dies klingt vielleicht hochmütig, aber ich kann nicht umhin, es zu glauben. Im August 1918 hatte ich das Buch fertiggestellt [...]. Du würdest es ohne vorangehende Erklärung nicht verstehen, da es in ziemlich kurzen Bemerkungen geschrieben ist. (Dies bedeutet natürlich, daß *keiner* es verstehen wird, obwohl ich glaube, daß alles kristallklar ist. Es wirft aber unsere ganze Theorie der Wahrheit, der Klassen, der Zahlen und den ganzen Rest um.)« (*Briefe*, S. 85).

Vgl. *Logisch-philosophische Abhandlung*, S. 58 ff.

Volksschullehrer und Architekt (1919-1928)

Ende August 1919 wurde Wittgenstein aus der Gefangenschaft entlassen und kehrte nach Wien zurück. In der *Abhandlung* hatte er alles gesagt, was er philosophisch zu sagen hatte. Jetzt wollte er sein Leben ändern. Zunächst schenkte er sein als Belastung empfundenes Vermögen den Geschwistern, dann meldete er sich zu einer Ausbildung zum Volksschullehrer an. Im Dezember reiste er für eine Woche nach Den Haag, um sich mit Russell über die *Abhandlung* zu unterhalten. Russell war verblüfft über den völlig veränderten Wittgenstein, und dessen mystische Neigungen waren ihm gar nicht sympathisch. Kurz zuvor hatte er bereits in einem Brief an Ottoline Morrell geklagt: Aus Wittgensteins »Buch hatte ich schon einen Anflug von Mystik herausgespürt, war aber doch erstaunt, als ich herausfand, daß er ganz zum Mystiker geworden ist. Er liest solche Leute wie Kierkegaard und Angelus Silesius und denkt ernsthaft darüber nach, Mönch zu werden. Dies hat alles mit William James' *Varieties of Religious Experience* angefangen und nahm (was ja nicht unnatürlich ist) während des Winters zu, den er vor dem Krieg allein in Norwegen verbrachte, als er nahezu verrückt war. [...] Er ist tief in mystische Denk- und Empfindungsweisen eingedrungen, aber ich glaube (obgleich er dem nicht zustimmen würde), daß er an der Mystik am höchsten ihr Vermögen schätzt, ihn vom Denken abzuhalten« (*Briefe*, S. 101).

Mystik

Dennoch hielt Russell die *Abhandlung* für ein Werk ersten Ranges; er genoss die philosophischen Diskussionen mit seinem früheren Studenten und versprach ihm Hilfe bei der Suche nach einem Verleger. Wittgensteins eigene Bemühungen um eine Veröffentlichung scheiterten, obwohl er Ficker und Frege um Unterstützung bat und obwohl ihm Russell eine Einleitung zur *Abhandlung* schickte, die dem prospektiven

»Es ist nun höchst wahrscheinlich, daß Reclam meine Arbeit [...] nicht nimmt [...]. Aber darüber habe ich mich bereits beruhigt; und zwar mit folgendem Argument, das mir unantastbar erscheint: Meine Arbeit ist nämlich entweder ein Werk ersten Ranges, oder sie ist kein Werk ersten Ranges. Im zweiten – wahrscheinlicheren – Falle bin ich selbst dafür, daß sie nicht gedruckt werde. Und im ersten ist es ganz gleichgültig, ob sie 20 oder 100 Jahre früher oder später gedruckt wird. Denn wer fragt danach, ob z. B. die Kritik der reinen Vernunft im Jahre 17x oder y geschrieben worden ist! Ja, eigentlich brauchte sie in diesem Falle auch nicht gedruckt zu werden.« (Wittgenstein an Bertrand Russell, 6. 5. 1920; *Briefe*, S. 111)

Verleger aufgrund der Bekanntheit Russells sicher gelegen gekommen wäre. Doch Wittgenstein untersagte den Abdruck dieser Einleitung, mit der er zumindest in der deutschen Fassung unzufrieden war, und damit misslang einstweilen auch der letzte Publikationsversuch.

Nun überließ Wittgenstein die Verlegersuche der Findigkeit Russells, der seinerseits eine Bekannte einschaltete. Dieser gelang es tatsächlich, gleich zwei Veröffentlichungen zu erreichen: die erste im letzten Band der von Wilhelm Ostwald herausgegebenen Zeitschrift *Annalen der Naturphilosophie* (1921), die zweite in Buchform als deutsch-englische Ausgabe in dem renommierten Londoner Verlag Routledge & Kegan Paul (1922). Die Übersetzung wurde zumindest teilweise von dem brillanten jungen Logiker Frank Ramsey angefertigt. Der Herausgeber C. K. Ogden korrespondierte mit Wittgenstein wegen einer Reihe von Verständnisfragen und Übersetzungsproblemen. Nachdem der Autor sein Plazet gegeben hatte, konnte das Buch unter dem an Spinoza gemahnenden, von Moore vorgeschlagenen und von Wittgenstein zwar abgesegneten, aber nie benutzten Titel *Tractatus logico-philosophicus* erscheinen.

Veröffentlichungen der *Abhandlung*

Als die *Abhandlung* im November 1922 in Buchform herauskam, war Wittgenstein schon seit über zwei Jahren Volksschullehrer in Niederösterreich. Er nahm die Arbeit in den wechselnden Schuldörfern sehr ernst, stieß aber immer wie-

Dorfschullehrer in Niederösterreich

Wittgenstein mit Schülern auf dem Schneeberg

der auf Unverständnis und Ablehnung, vor allem bei den Eltern seiner Schüler. Er wollte den Kindern Algebra beibringen, aber die Landbevölkerung verstand nicht, warum man mit *Buchstaben* rechnen sollte. Er versuchte durchzusetzen, dass die Schüler regelmäßig und kontinuierlich zum Unterricht erschienen, aber die Eltern hielten es für wichtiger, dass die Kinder ihnen bei der Ernte halfen. So kam es zu Konflikten, obwohl der Lehrer Wittgenstein Maschinen zum Laufen bringen konnte, die sonst keiner zu reparieren vermochte. Selbst manche Kollegen hegten Misstrauen gegenüber dem »Herrn« aus der Stadt.

In der Ortschaft Puchberg am Schneeberg wurde Wittgenstein im September 1923 von Ramsey besucht, mit dem er sich zwei Wochen lang jeden Nachmittag über die *Abhandlung* unterhielt. Ebenfalls in Puchberg fand Wittgenstein in dem Kollegen Rudolf Koder einen Freund, mit dem er musizieren und ganz ungezwungen reden konnte. Zu dieser Zeit spielte Wittgenstein Klarinette, so dass Koder nicht nur das Pfeifen des älteren Kollegen begleitete, sondern auch sein Klarinettenspiel.

»Er ist ganz arm, jedenfalls lebt er sehr sparsam. Er hat ein *winziges*, weiß getünchtes Zimmer, in dem nichts weiter steht als ein Bett, ein Waschständer, ein Tischchen und ein harter Stuhl – für mehr ist kein Platz. Sein Abendessen, das ich gestern mit ihm geteilt habe, besteht aus ziemlich unerfreulichem Landbrot, Butter und Kakao. [...] Er wirkt jünger, als er sein kann; er sagt jedoch, seine Augen seien schlecht und er habe Schnupfen. Aber im großen und ganzen sieht er sportlich aus. Wenn er seine Philosophie erklärt, wird er ganz aufgeregt und macht energische Gesten, doch dann sorgt er durch sein zauberhaftes Lachen für Entspannung. Seine Augen sind blau. [...] Er hat folgende Vorstellung von seinem Buch: Niemand werde seine Gedanken durch bloßes Lesen begreifen, doch eines Tages werde jemand sie eigenständig durchdenken und sich sehr darüber freuen, daß er sie in diesem Buch exakt formuliert findet.« (Frank P. Ramsey an seine Mutter; zit. n. von Wright 1973, S. 77 f.)

Auf Drängen seiner englischen Freunde, aber sicher auch aus eigenem Antrieb reiste Wittgenstein im Sommer 1925 zum ersten Mal seit dem Krieg nach England. Dort verbrachte er unter anderem einige Zeit bei Keynes, dem er anschließend schrieb, mit dem Lehrerberuf werde es wohl nicht mehr lange gut gehen. Tatsächlich kam es im April 1926 zu einem Zwischenfall: Ein Schüler erkrankte nach einer körperlichen Züchtigung. Es gab ein disziplinarisches und juristisches Nachspiel, doch Wittgenstein quittierte den Schuldienst, ohne seinen Freispruch abzuwarten.

Gärtner und Architekt

Für kurze Zeit arbeitete er als Gärtner – ein Beruf, dem er bereits im Sommer 1920 mit Interesse und Freude nachgegangen war und über den er sich immer wieder positiv äußerte. Im Herbst 1926 eröffnete sich die Möglichkeit, zusammen mit Engelmann und Jacques Groag, einem weiteren Olmützer, am Bau eines großen Wohnhauses für Gretl Stonborough

Gretls Haus in der Kundmanngasse

mitzuwirken. Der Gesamtentwurf dieses strengen, aus unterschiedlich großen Blöcken zusammengefügten Baus (der in veränderter Form noch heute steht) stammte von Engelmann. Wittgenstein hatte allerdings im Detail und vor allem im Inneren Veränderungen durchgesetzt und bei vielen Fragen der Ausstattung den Ausschlag gegeben. So darf man sagen, dass viele Aspekte des fertigen Hauses Wittgensteins Handschrift tragen.

Über zwei Jahre widmete sich Wittgenstein intensiv der Architektur und der Aufsicht über den Bau des Hauses in der Kundmanngasse. Dies war auch die Zeit der ersten Kontakte zu Angehörigen des nachmals berühmten Wiener Kreises, dessen emigrierte Mitglieder später zusammen mit Angehörigen der Berliner, Warschauer und Prager Partnergruppen gewaltigen Einfluss auf die Philosophie in den Vereinigten Staaten haben sollten.

Verbindungen zum Wiener Kreis

Wittgenstein traf sich vor allem mit dem angesehenen Philosophieprofessor Moritz Schlick (dem Spiritus Rector des Kreises), mit den bei Schlick promovierten Friedrich Waismann und Herbert Feigl sowie mit dem Frege-Schüler Rudolf Carnap. An den regelmäßigen Sitzungen des Kreises nahm Wittgenstein nie teil, und auch bei den Zusammenkünften mit Schlick und anderen ließ er sich nur selten zu Äußerungen über philosophische Themen bewegen. Lieber las er den Anwesenden Gedichte – darunter Werke von Rabindranath Tagore – vor, wobei er den Hörern manchmal den Rücken zuwandte. Nachdem Wittgenstein Anfang 1929 nach Cambridge und zur Philosophie zurückgekehrt war, kam es zu regelmäßigen, von Waismann stenographisch festgehaltenen Gesprächen, an denen aber außer diesem und Schlick kein anderer teilnehmen durfte.

»Ich erinnere mich, wie Wittgenstein bei einer Gelegenheit mit Carnap einen Streit vom Zaun brach, wobei sich (wie Waismann und ich es uns zurechtlegten) vor allem ihre diametral entgegengesetzten Persönlichkeiten äußerten. Carnap war stets der zähe, präzise, gründliche, penible Logiker, Wittgenstein ein überaus intuitiver Mensch, der sich – zumindest im Gespräch – nicht sonderlich klar auszudrücken wußte. Daher verlor Wittgenstein die Geduld und nachgerade die Fassung, wenn er von Carnap, der nichts Böses im Schilde führte, gebeten wurde, diesen oder jenen Punkt ›ein wenig ausführlicher zu erklären‹. Mir gegenüber beklagte sich Wittgenstein über Carnap und meinte: ›Wenn er dafür keine Witterung hat, kann ich ihm auch nicht helfen. Er hat einfach keinen Riecher!‹« (Herbert Feigl, »The Wiener Kreis in America«, S. 638)

Rückkehr nach Cambridge (1929-1932)

Wittgensteins Taschenkalender für das akademische Jahr 1929/30

Als die Arbeiten am Haus in der Kundmanngasse fast beendet waren, beschloss Wittgenstein, nach Cambridge zu fahren. Zunächst sollte es eine Art Urlaub sein. Den ersten Notizen nach seiner Ankunft ist die Unschlüssigkeit anzumerken: »2. 2. 29: Wieder in Cambridge. Sehr merkwürdig. Es ist mir manchmal, als ob die Zeit zurückgegangen wäre. Ich mache diese Eintragungen zögernd. Ich weiß nicht, was mich noch erwartet. Es wird sich etwas ergeben! Wenn der Geist mich nicht verläßt. Jetzt schwinge ich sehr unruhig, weiß aber nicht, um welche Gleichgewichtslage. Die Zeit hier sollte oder soll in Wirklichkeit eine Vorbereitung auf etwas sein. Ich soll mir über etwas klar werden« (MS 105, S. 2). Rund zwei Wochen danach heißt es in einem Brief an Moritz Schlick, er habe sich »entschlossen, ein paar Terms hier in Cambridge zu bleiben und den Gesichtsraum und andere Dinge zu bearbeiten« (WWK, S. 17). Außerdem wollte er nun promovieren. Er begann fast sofort mit der Arbeit an einem Manuskript und erhielt – gleich nachdem er im Juni für die *Logisch-philosophische Abhandlung* den Doktortitel bekommen hatte – ein Forschungsstipendium des Trinity College.

Promotion in Cambridge

Vgl. S. 70ff.

Im Juli hielt er in Nottingham einen Vortrag bei einer philosophischen Tagung, der sich allerdings nicht mit dem angekündigten Text deckte. Eigentlich hatte er über logische Form reden und dabei eine Schwierigkeit im System der *Abhandlung* erörtern wollen. Dieser vorgesehene Vortragstext liegt gedruckt vor und ist Wittgensteins einzige offizielle Veröffentlichung aus späterer Zeit. Im November sprach er vor einem allgemein interessierten Publikum, dem er seine Ansichten über Ethik in ganz persönlicher Form darlegte. Diesen Vortrag über Ethik publizierte er zwar nicht, aber der Text ist in mehreren Versionen erhalten, die leicht voneinander abweichen.

Das erste Jahr in Cambridge war von »zahllosen Gesprächen«

mit Frank Ramsey geprägt, dem er lange danach – im Vorwort zu den *Philosophischen Untersuchungen* – bescheinigte, seine »stets kraftvolle und sichere« Kritik habe ihm geholfen, »schwere Irrtümer« der *Abhandlung* zu erkennen. Wie der Literaturwissenschaftler F. R. Leavis berichtet, arbeitete Wittgenstein oft bis zur völligen Erschöpfung und hatte mit Ramsey ausgemacht, ihm jeden Tag Aufzeichnungen des Erreichten zur Aufbewahrung zu übergeben (Leavis, zit. n. Rhees 1987, S. 98f.).

Obwohl der weit jüngere Ramsey eine wichtige Mentorenrolle spielte, war Wittgensteins Verhältnis zu ihm nicht ungetrübt. Schon Mitte der zwanziger Jahre hatte es in Österreich einen Streit gegeben, der nicht in philosophischen Meinungsverschiedenheiten wurzelte. Im Februar 1929 vermerkte Wittgenstein in seinen Aufzeichnungen »genußreiche Diskussionen« mit Ramsey: »Sie haben etwas von einem kräftigen Sport und sind, glaube ich, in einem guten Geist geführt. Es ist etwas Erotisches und Ritterliches darin. Ich werde dabei auch zu einem gewissen Mut im Denken erzogen« (MS 105, S. 4). Ende 1931 nannte er Ramsey jedoch einen »bürgerlichen Denker«, der keinen Sinn für wirklich radikale Fragestellungen habe (VB, S. 53). Ein Jahr nach Wittgensteins Ankunft in Cambridge starb Ramsey. Offenbar hatten sich die Wege der beiden schon kurz vorher zu trennen begonnen, und wenn man Ramseys letzte Schriften liest, muss man annehmen, dass es

Frank Ramsey, Übersetzer und Diskussionspartner Wittgensteins

»Die Philosophie muß zu etwas nützlich sein, und wir müssen sie ernst nehmen; sie muß unsere Gedanken klären und somit unsere Handlungen. Andernfalls ist sie eine Neigung, die wir in Schach halten müssen, und zugleich eine Untersuchung, bei der es darum geht, daß das erreicht wird; d.h. der Hauptsatz der Philosophie besagt, daß Philosophie Unsinn ist. Und dann wiederum müssen wir ihre Unsinnigkeit ernst nehmen und dürfen nicht, wie Wittgenstein, so tun, als wäre sie wichtiger Unsinn!« (Frank Ramsey, *Philosophical Papers*, S. 1) zu einer völligen Entfremdung gekommen wäre, wenn ihr Verfasser länger gelebt hätte.

Im Frühjahr 1930 lagen fast 1000 im vergangenen Jahr geschriebene Manuskriptseiten vor; in den Osterferien diktierte Wittgenstein in Wien Auszüge aus seinen Manuskriptbänden, um auf der Basis dieser »Synopse« weiterzuarbeiten. Dieses Vorgehen entsprach seinem zeitlebens geübten Verfahren: Am Anfang standen oft knappe Notizen in kleinen Merkheften, die er auf Spaziergängen mit sich führen konnte. In einem zweiten Schritt machte Wittgenstein Einträge in große Manuskriptbände (circa A4-Format), die er bei späterer Durchsicht mit wertenden Randzeichen versah, zum Beispiel einem Schrägstrich der Billigung oder einem S-förmigen Zeichen für »schlecht«. Die positiv markierten Bemerkungen diktierte er einer Schreibkraft. Meistens wurde zusätzlich zum Original mindestens ein Durchschlag angefertigt. In mehreren Fällen zerschnitt Wittgenstein solche Typoskripte und ordnete die resultierenden Zettel neu, um sie in dieser Reihenfolge zu einem weiteren Typoskript zusammenzustellen.

Auch ein Exemplar der im März/April 1930 diktierten Maschinenschrift wurde zerschnitten; die Zettel wurden sodann in neuer Reihenfolge in einen leeren Manuskriptband eingeklebt. Der so entstandene neue Text, der Russell als Grundlage für die Abfassung eines Gutachtens diente, das Wittgenstein zu einem weiteren Stipendium verhalf, wurde 1964 unter dem Titel *Philosophische Bemerkungen* veröffentlicht. Er spiegelt die rasche Entwicklung von Wittgensteins Denken in mitunter verwirrender Form: Gleich auf der ersten Seite des Texts wird eine der Grundideen der folgenden Seiten abgelehnt (»Die phänomenologische Sprache oder ›primäre Sprache‹, wie ich sie nannte, schwebt mir jetzt nicht als Ziel vor«). Vieles steht noch völlig im Bann der *Logisch-philosophischen Abhandlung*, anderes weist schon voraus auf spätere Überlegungen. Ein nicht geringer Teil dieser Bemerkungen entpuppte sich dann als Sackgasse oder wurde von ihrem Autor schlicht vergessen.

Vgl. *Philosophische Bemerkungen*, S. 73 ff.

Ein zweites Exemplar der im Frühjahr 1930 diktierten Maschinenschrift wurde 1932/33 zusammen mit zwei weiteren

Typoskripten erneut verzettelt und zu einer gewaltigen Collage aus Tausenden von Bruchstücken geordnet. Aus dieser Collage entstand eine 1933 diktierte Maschinenschrift (das sogenannte »Big Typescript«), das Wittgenstein nochmals überarbeitete und des Öfteren plünderte, um einzelne Bemerkungen oder Sequenzen von Bemerkungen in anderen Zusammenhängen zu verwenden. Die letzte Fassung der *Philosophischen Untersuchungen* ist auf ähnlich komplizierte Weise entstanden und enthält eine ganze Reihe von Textstücken, die schon in der großen Maschinenschrift von 1930 enthalten sind.

Vgl. »Big Typescript«, S. 77 ff.

Im Frühjahr 1930 empfand er die Arbeit an der Synopse zwar als »abscheulich«, wie er an Moore schrieb (*Briefe*, S. 204), aber offenbar war das Diktieren eine Notwendigkeit für Wittgenstein. Er hatte das Bedürfnis, seine Gedanken im Beisein ihm genehmer Personen vorzutragen. So war es schon 1913 und 1914 im Fall der Mitteilungen an Russell und Moore gewesen. In den frühen dreißiger Jahren bemühte er einen Sekretär der Familie, und Ende 1937 fragte Gretl in einem Brief, ob er in den Weihnachtsferien wieder diktieren werde: »Ich freue mich darauf und auch auf die heiße Suppe, die dazu immer besonders gut schmeckt« (FB, S. 159). Nach dem »Anschluss« Österreichs an das Deutsche Reich vermied Wittgenstein jeden Besuch in seiner Heimat und konnte deshalb auch nicht mehr auf Schreibkräfte der Familie zurückgreifen. So musste er sich unter den zahlreichen Emigranten in Cambridge nach einer ihm sympathischen Person umsehen und wurde Kunde im Schreibbüro von Miss Pate, in dem er einige seiner späteren Arbeiten diktierte.

Diktate

Es ist bezeichnend für Wittgensteins Arbeitsweise und den Stil seiner Schriften, dass er seit den ersten Aufzeichnungen bis hin zu den Notizen der letzten Lebenstage immer nur »Bemerkungen« geschrieben hat, das heißt mitunter *sehr* kurze Stücke, die oft in sich abgeschlossen wirken. Ähnlich wie Gedichte könnte man sie auf separaten Seiten abdrucken und erwarten, dass der Leser mit diesen Einzelgebilden etwas anzufangen weiß. Andererseits stehen viele dieser Bemerkungen schon bei der ersten Niederschrift nicht nur in thematischen, sondern auch in argumentativen Zusammenhängen, die häufig ganz unkontrovers nachgezeichnet werden können. Jedenfalls sind Wittgensteins durchgearbeitete Schriften samt und

Whewell's Court; Wittgensteins Wohnung befand sich im Dachgeschoss.

sonders von einer aus dem Bemerkungen-Stil resultierenden Spannung geprägt: Viele Bemerkungen behaupten ihre Einzelstellung als in sich abgerundete, quasi aphoristische Gebilde, und zugleich ist die Deutung der Bemerkungen durch ihre Stellung im Gesamtgefüge größerer, in argumentativer Hinsicht manchmal überaus fein gegliederter Textpartien weitgehend bestimmt. Dieses Spannungsverhältnis sorgt für eine dialektische Unruhe der Texte, die es schwer macht, von eindeutig feststehenden Gedankengängen zu reden.

Im Januar 1930 hielt Wittgenstein in Cambridge seine ersten Vorlesungen. Zu Anfang fanden die Lehrveranstaltungen in offiziellen Hörsälen statt, später in Wittgensteins eigener Wohnung im College oder in den Zimmern von Kommilitonen. In den ersten Jahren war G. E. Moore regelmäßig zugegen und wurde von Wittgenstein durch Bereitstellung des einzigen Sessels und von Pfeifenreinigern belohnt. Meistens hatte Wittgenstein ungefähr ein Dutzend Hörer, manchmal waren es zu Anfang eines Trimesters mehr, doch die Zahl verringerte sich dann rasch.

Erste Lehrveranstaltungen

Es gibt neben zahlreichen, zum Teil veröffentlichten Nachschriften von Wittgensteins Vorlesungen eine ganze Reihe von Schilderungen dieser von vielen Hörern als denkwürdig empfundenen Veranstaltungen. Alle diese Beschreibungen sind sich darin einig, dass er »vor seinen Hörern *dachte*« (von Wright 1986, S. 39). Oft war Wittgenstein so konzentriert, dass es keinem Hörer in den Sinn kam, einen Mucks von sich zu geben, selbst wenn Wittgenstein längere Zeit schwieg. Bei anderen Gelegenheiten stellte Wittgenstein den Hörern Fragen, und es wurde lebhaft diskutiert. Wie Norman Malcolm berichtet, war Wittgenstein »während dieser Sitzungen eine furchteinflößende Persönlichkeit. Er war sehr ungeduldig

»Wittgensteins Zimmer war quadratisch, und in der dem Eintretenden gegenüberliegenden Wand war links das Fenster. Er saß in der Nähe dieses Fensters, wobei das Licht über seine linke Schulter hereinfiel, und neben ihm stand ein zusammenklappbares Spieltischchen, auf dem eine Art großes Kassenbuch lag, wie er es für seine Manuskripte benutzte. In dieses Zimmer wurden für die Hörer eine Anzahl Stühle und Liegestühle getragen und im Halbkreis aufgestellt. Zur Linken Wittgensteins stand eine Tafel. Die Anzahl der Hörer betrug zwischen zehn und fünfzehn, und zu ihnen gehörte auch Moore, der zusammengekauert auf seinem Stuhl zu sitzen pflegte und seine Pfeife rauchte, die er ständig immer wieder von neuem anzündete. Gelegentlich waren auch einige andere Dozenten dabei.« (John King; zit. n. Wittgenstein, *Vorlesungen 1930-1935*, S. 15 f.)

und leicht aufgebracht. Wenn jemand gegen das von ihm Gesagte einen Einwand hatte, bestand er heftig darauf, daß dieser Einwand formuliert wurde« (Malcolm 1987, S. 43).
Im Dezember 1930 wurde Wittgenstein zum Fellow des Trinity College ernannt. Die Stelle war auf zunächst fünf Jahre befristet, wurde aber in der Folge bis September 1936 verlängert. In den ersten Jahren setzte er bei seinen Aufenthalten in Wien die regelmäßigen Treffen mit Schlick und Waismann fort und arbeitete zusammen mit Waismann an einem gemeinsamen Buchprojekt, das jedoch nach unerquicklichen Streitigkeiten von Waismann allein zu Ende gebracht und erst nach dem Tod beider veröffentlicht wurde. Außerdem traf sich Wittgenstein nach Möglichkeit mit seiner Freundin Marguerite Respinger, zu der er seit 1927 ein inniges, von didaktischen Absichten vermutlich nicht ganz freies Verhältnis hatte.

»Er [Wittgenstein] hat ja die wunderbare Gabe, die Dinge immer wie zum erstenmal zu sehen. Aber es zeigt sich doch, meine ich, wie schwer eine gemeinsame Arbeit ist, da er eben immer wieder der Eingebung des Augenblicks folgt und das niederreißt, was er vorher entworfen hat.« (Friedrich Waismann an Moritz Schlick; WWK, S. 26)

Mit ihr verbrachte er im Sommer 1931 drei Wochen in Norwegen. Diese Beziehung fand um Weihnachten 1933 ein jähes Ende, als Marguerite Talla Sjögren, den Bruder von Wittgensteins Freund Arvid Sjögren, heiratete und nach Südamerika auswanderte.

Zivilisationsfeindschaft

Das Jahr 1931 war eine Zeit innerer Krisen, wie sie sich in Wittgensteins Leben mehrmals abgespielt haben. Ein Auslöser ist wohl in einer – zum Teil vielleicht auf die Lektüre Spenglers zurückgehenden – zunehmenden Feindschaft gegen die Zivilisation seiner Zeit zu suchen. Ihren Ausdruck findet diese Einstellung in einem Vorwortentwurf vom November 1930: »Dieses Buch ist für diejenigen geschrieben, die dem Geist, in dem es geschrieben ist, freundlich gegenüberstehn. Dieser Geist ist, glaube ich, ein anderer als der der großen europäischen und amerikanischen Zivilisation. Der Geist *dieser Zivilisation*, dessen Ausdruck die Industrie, Architektur, Musik, der Faschismus und Socialismus der Jetztzeit ist, ist ein dem Verfasser *fremder und unsympathischer Geist*« (VB, S. 29).

Vgl. S. 45

Die Wittgenstein quälenden Selbstzweifel schlugen sich unter anderem in Notizen über das Judentum nieder, ein Thema, das er nur noch einmal (1936/37) berührt hat. 1931 ging es vor allem um das »Jüdische« in Wittgensteins eigenem Charakter. Er fürchtete, nicht wirklich originell, sondern nur talentiert zu sein, sich nur reproduktiv zu verhalten. Dieser zutiefst selbstkritischen, die eigenen Leistungen schmälernden Stimmung entsprang die folgende aufschlussreiche Bemerkung: »Ich glaube, ich habe nie eine Gedankenbewegung *erfunden*, sondern sie wurde mir immer von jemand anderem gegeben, und ich habe sie nur sogleich leidenschaftlich zu meinem Klärungswerk aufgegriffen. So haben mich Boltzmann, Hertz, Schopenhauer, Frege, Russell, Kraus, Loos, Weininger, Spengler, Sraffa beeinflußt. Kann man als ein Beispiel jüdischer Reproduktivität Breuer und Freud heranziehen?« (VB, S. 41).

Einflüsse

Dies ist nicht der Ort, Mutmaßungen über den genauen Stellenwert des jeweils gemeinten Einflusses anzustellen. Wichtig ist, dass die Liste offenbar streng chronologisch intendiert ist. Die für die *Abhandlung* relevanten Einflüsse reichen offenbar von Boltzmann bis Weininger, während Spengler und Sraffa die jüngere Zeit betreffen. Über Spengler sagte Wittgenstein, von ihm stamme die Anregung zum Begriff der Familienähnlichkeit. Vermutlich hatte er auch im Hinblick auf die übrigen Namen einen oder mehrere ganz spezifische Beiträge im Sinn. Der Ökonom Piero Sraffa, der auf Betreiben Keynes' nach Cambridge gekommen war und dessen »Ansporn« Wittgenstein laut Vorwort zu den *Philosophischen Untersuchungen* »die folgereichsten Ideen dieser Schrift« verdankte, hat vermutlich zweierlei beigetragen: zum einen die ausschlaggebende Kritik an einer im Sinne der *Abhandlung* verfahrenden Suche nach der »logischen Form« oder »Grammatik« unserer Äußerungen; zum anderen die Anregung, menschliches (Sprach-)Verhalten aus »anthropologischer« – also quasi ethnologischer – Perspektive zu betrachten. Damit ist vielleicht nicht nur die Perspektive gemeint, aus der solche Bemerkungen geschrieben sind wie »Denke, du kämst als Forscher in ein unbekanntes Land mit einer dir gänzlich fremden Sprache ...« oder »Stell dir Menschen vor, die nur laut denken könnten!« (PhU, § 206 und § 331), sondern auch die Akzentuierung der Sprachspiele und der »*Gepflogenheiten* (Gebräuche, Institutionen)« (PhU, § 199).

Piero Sraffa 1929

»Eines Tages [...] bestand Wittgenstein darauf, daß ein Satz und das, was er darstellt, dieselbe ›logische Form‹, dieselbe ›logische Mannigfaltigkeit‹ besitzen müssen. Sraffa machte eine Geste, wie sie den Neapolitanern geläufig ist, wenn sie so etwas wie Abscheu oder Verachtung ausdrücken wollen: Er fuhr mit den Fingerspitzen der nach außen gekehrten Hand über die Unterseite des Kinns und fragte: ›Was ist die logische Form *davon*?‹ Sraffas Beispiel rief in Wittgenstein das Gefühl hervor, es sei absurd, darauf zu beharren, daß ein Satz und das, was er darstellt, dieselbe ›Form‹ haben müssen. Dadurch löste er sich von der Auffassung, der Satz müsse buchstäblich ein ›Bild‹ der Wirklichkeit sein, die er darstellt.« (Norman Malcolm, *Erinnerungen an Wittgenstein*, S. 94)

Charakteristisch an dem angeführten Zitat über jüdische Reproduktivität ist zudem der Umstand, dass Wittgenstein keine Scheu hatte, sich mit Größen wie Freud zu vergleichen (der demnach die entscheidende Gedankenbewegung von Josef Breuer übernommen habe). An anderen Stellen ist die Identifikationsfigur Mendelssohn, als dessen kraftvolles oder originelles Gegenstück Brahms angeführt wird: Man könne sagen, »Brahms tue das mit ganzer Strenge, was Mendelssohn mit halber getan hat. Oder: Brahms ist oft fehlerfreier Mendelssohn« (VB, S. 44). Im ersten Kriegstagebuch verglich er sich mit Spinoza: »Am besten kann ich jetzt arbeiten, während ich Kartoffeln schäle. Melde mich immer freiwillig dazu. Es ist für mich dasselbe, was das Linsenschleifen für Spinoza war« (MS 101, S. 22). Allen Selbstzweifeln zum Trotz ist Wittgensteins Selbstbewusstsein mitunter erstaunlich. Davon zeugt die folgende Notiz vom 7. Februar 1931: »Wenn mein Name fortleben wird, dann nur als der Terminus ad quem der großen abendländischen Philosophie. Gleichsam wie der Name dessen, der die Alexandrinische Bibliothek verbrannt hat« (DB, S. 39).

Lehrtätigkeit und Zurückgezogenheit (1933-1937)

In der ersten Hälfte der dreißiger Jahre schritten Wittgensteins Arbeit und sein Leben nach dem schon beschriebenen Muster voran. 1932 lag eine enorme Anzahl von Manuskriptseiten vor, die in sehr umfangreichen Maschinenschriften ihren Niederschlag fand, an deren Überarbeitung er bis 1934 stetig feilte.

Die Vorlesungen nahmen ihn ebenfalls in Anspruch, und im akademischen Jahr 1933/34 kombinierte er das Schreiben mit der Vorlesungstätigkeit, indem er einer Gruppe von Studenten seine Gedanken so diktierte, dass ein zur Einführung in Wittgensteins Philosophieren geeignetes Skript entstand, das vervielfältigt wurde und wegen der Farbe des Einbands den Namen *Blue Book* erhielt. Möglich wurde diese Form des Diktats, da Wittgenstein unter den Studenten eine Gruppe von Anhängern, ja Jüngern besaß, die er völlig in seinen Bann geschlagen hatte. Zu diesen Getreuen gehörten Maurice

Vgl. *Blaues Buch*, S. 83 ff.

»Daß er Elizabeth [Anscombe] als ›old man‹ titulierte, habe ich bei mehreren Gelegenheiten gehört, und dies war nicht die einzige Hinsicht, in der er sie ehrenhalber als Mann behandelte. Jedes Jahr pflegte Wittgenstein am Anfang seiner Vorlesungsreihe eine große Anzahl von Hörern zu haben, zumeist Frauen. Schon bei der dritten oder vierten Vorlesung war diese Studentenmenge gewöhnlich auf einen harten Kern regelmäßiger Hörer zusammengeschmolzen. So geschah es insbesondere auch in einem Jahr, in dem Elizabeth seine Vorlesungen besuchte; und als Wittgenstein den Schwund bemerkte, sah er sich mit düsterer Befriedigung im Hörsaal um und meinte: ›Gott sei Dank, die Weiber sind wir los!‹« (Peter Th. Geach; in: Wittgenstein, *Vorlesungen über die Philosophie der Psychologie 1946/47*, S. 12)

O'Connor Drury, Francis Skinner, Alice Ambrose, Margaret Macdonald und Rush Rhees sowie später (ab 1938) Yorick Smythies, Casimir Lewy und Norman Malcolm, ganz zum Schluss auch Elizabeth Anscombe – um nur einige Namen zu nennen.

Francis Skinner

Eine ganz besondere Rolle spielte der vielversprechende, sanftmütige und durch einen Klumpfuß behinderte Mathematikstudent Francis Skinner, dem Wittgenstein nach einigen Jahren die Fortsetzung seiner akademischen Laufbahn ausredete, weil er ihn zwar, so erinnerte sich sein Freund Drury, für einen »ganz ungewöhnlichen Menschen« erachtete »und völlig außerstande, Unsinn zu reden«, aber von seiner Persönlichkeit nicht geeignet fand für das philosophische Geschäft (zit. n. Rhees 1987, S. 180). Skinner – übrigens nicht der einzige behinderte Freund Wittgensteins – wurde zur Bestürzung seiner Angehörigen Mechaniker und lebte ab 1938 in derselben Wohnung wie Wittgenstein. Gelegentlich verreisten die beiden gemeinsam, und Skinner verfolgte Wittgensteins Arbeit weiterhin äußerst aufmerksam. Sein früher Tod im Oktober 1941 war ein furchtbarer Schlag für Wittgenstein. Skinner war eine der beiden Personen, denen Wittgenstein 1934/35 das *Brown Book* diktierte. Zusammen mit ihm nahm Wittgenstein, der die Sprache schon ein wenig beherrschte,

Vgl. *Braunes Buch*, S. 85f.

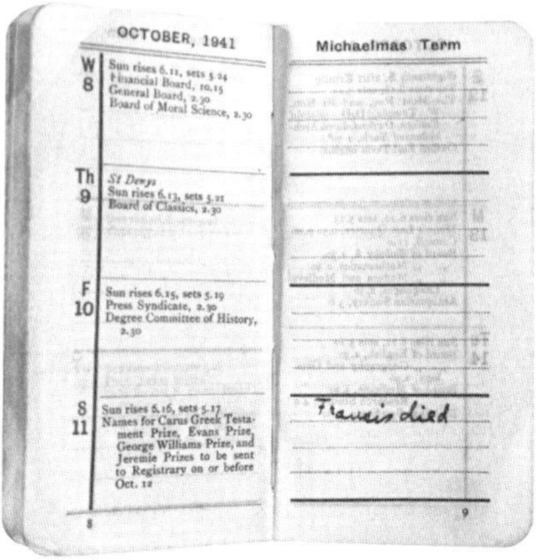

»Francis died« – Eintrag in Wittgensteins Taschenkalender

Russischstunden bei Fania Pascal, einer russischen Emigrantin, die in Berlin Philosophie studiert hatte und in Cambridge mit Roy Pascal, einem Wittgenstein sehr sympathischen Germanisten, verheiratet war. Wittgenstein erwog, nach Auslaufen seiner Stelle in die Sowjetunion auszuwandern, um dort einer praktischen, nützlichen Tätigkeit nachzugehen – ein Plan, den er nach einer 1935 unternommenen Reise in die Sowjetunion desillusioniert fallen ließ. Den mehrfach von ihm geäußerten Gedanken, Mediziner – vielleicht Psychiater – zu werden, gab er schließlich ebenfalls auf.

Reise in die Sowjetunion

Er beschloss, nach dem absehbaren Ende seiner Lehrtätigkeit im September 1936, nach Norwegen zu gehen, um dort konzentriert zu arbeiten. Vorher machte er zusammen mit seinem alten Freund Gilbert Pattisson Ferien in Frankreich, wo sie mit dem Auto die Bretagne bereisten. Wittgenstein kannte den in London ansässigen Buchprüfer Pattisson, der ihn in finanziellen Fragen beriet, seit 1929 und genoss es, mit ihm herumzualbern. Diese Freude an Kalauern prägte auch die Korrespondenz der beiden. Die Freundschaft dauerte bis zum Zweiten Weltkrieg (offenbar ärgerte sich Wittgenstein nun über Pattissons ultrapatriotische Einstellung).

Bereits ab Ende August wohnte Wittgenstein in seiner Hütte am Sognefjord. Zunächst arbeitete er an einer Übersetzung und Bearbeitung des *Brown Book*. Als er über zwei Drittel ge-

Wittgensteins Hütte in Norwegen

schafft hatte, brach er die Revision unzufrieden ab. Der ganze Ansatz erschien ihm verfehlt; er musste die Sache anders anpacken. Tatsächlich kam es in den nächsten Wochen und Monaten zu einem Umbruch in Wittgensteins Denken, der es ihm ermöglichte, weitgehend vorhandenes Material in ganz neuer Form darzustellen.

Ein Zeugnis dieses Umbruchs sind die erhaltenen Notizbücher, bei deren Lektüre man dem Verfasser beim Denken zuzuschauen glaubt. Erstaunlicherweise handelt es sich auch hier oft um Arbeit an bereits vorliegenden Bemerkungen. Wieder bewahrheitete sich, was Friedrich Waismann in einem Brief an Moritz Schlick scharfsichtig beobachtet hatte, näm- Vgl. S. 37

lich dass Wittgenstein »die wunderbare Gabe« hatte, »die Dinge immer wieder wie zum erstenmal zu sehen« (WWK, S. 26). Diesmal gelang es Wittgenstein aufgrund dieser Gabe, dem Stoff durch Änderung der Formulierungen, Ergänzungen, Einschübe, Umstellungen und einige ganz neue Bemerkungen ein völlig anderes Gesicht zu geben. Das Resultat, die im Frühsommer 1937 abgeschlossene »Urfassung« der *Philosophischen Untersuchungen*, umfasst die ersten 188 Paragraphen des veröffentlichten Buchs; und obwohl Wittgenstein an dieser Schrift noch fast zehn Jahre weiterarbeitete, änderte er an diesem Anfangsstück nur wenig.

Urfassung der *Philosophischen Untersuchungen*, vgl. S. 86ff.

Erstaunlich wirkt diese Leistung Wittgensteins, wenn man die seelische Verfassung bedenkt, in der er sich damals befand. In den erhaltenen Tagebuchnotizen aus dieser Zeit finden sich Hinweise darauf, dass er von dem Gefühl gepeinigt wurde, sich der Unaufrichtigkeit schuldig gemacht zu haben und die ihn besonders quälenden Lügen beichten zu müssen. Um sein Gewissen zu erleichtern, schickte er am 7. November 1936 ein »Geständnis« an Ludwig Hänsel mit der Bitte, es an die Familie Wittgenstein weiterzuleiten. Es war nicht das erste Mal, dass Wittgenstein sich derart von seinen Gewissensbissen befreien wollte. In der Krise von 1931 hatte er, wie aus einem Bericht Drurys und einem Brief an Hermine hervorgeht, schon einmal vor Verwandten und Freunden eine »Beichte« abgelegt.

Auch diesmal zeigte er sich hartnäckig. Als Hänsel sich anfänglich weigerte, das Geständnis den übrigen Adressaten zugänglich zu machen, verfasste Wittgenstein eine ausführliche Beichte, die er an Hermine schickte. Dieses Schreiben wurde in der Bibliothek des Hauses in der Kundmanngasse so ausgelegt, dass die Angehörigen es lesen konnten, was viele jedoch anscheinend nicht taten. Wittgenstein wollte wohl in den anschließenden Weihnachtsferien zumindest mit einigen von ihnen über die Sache reden. Was daraus geworden ist, ist nicht bekannt.

Geständnisse

Auf der Rückreise von Wien nach Norwegen machte Wittgenstein in Cambridge Station, wo er ebenfalls beabsichtigte, vor mehreren Freunden sein Geständnis abzulegen, unter an-

»Lieber Hänsel!
Ich habe Dich und mehrere Andere einmal in der italienischen Gefangenschaft damit angelogen, daß ich sagte, ich stamme zu einem Viertel von Juden ab und zu drei Viertel von Ariern, obwohl es sich gerade umgekehrt verhält. Diese feige Lüge hat mich lang gedrückt, und ich habe diese Lüge, wie *viele* andere, auch andern Menschen gesagt. Ich habe bis heute nicht die Kraft gefunden, sie zu gestehen. – Ich hoffe, Du wirst mir verzeihen. [...] Ich wünsche, daß Du diesen Brief Deiner lieben Frau und den Kindern, meinen Geschwistern und ihren Kindern, dem Drobil und meinen übrigen Freunden und der Frau Sjögren bekanntmachst; d. h. ihn ihnen zu lesen gibst.« (Wittgenstein an Ludwig Hänsel, 7. 11. 1936; zit. n. *Ludwig Hänsel – Ludwig Wittgenstein. Eine Freundschaft*, S. 136)

derem vor Fania Pascal und G. E. Moore. Pascal hat als Einzige ausführlich darüber berichtet. Offenbar ging es Wittgenstein vor allem um das Eingeständnis zweier Lügen: Die erste betraf seine jüdische Herkunft, die zweite eine von ihm als Lehrer vollzogene körperliche Züchtigung. Wie es scheint, hat ihm das Ablegen dieser Geständnisse geholfen, denn sobald er wieder in Skjolden war, ging die Arbeit voran, wenn auch mit gelegentlichen Stockungen und Unterbrechungen.
Den Sommer 1937 verbrachte Wittgenstein in Österreich. Dann kehrte er auf dem Weg über Cambridge nach Norwegen zurück. Skinner besuchte ihn dort. In dieser Zeit arbeitete er vor allem über Fragen der Philosophie der Mathematik. Alles deutet darauf hin, dass dieses Material den zwischen November 1936 und Sommer 1937 geschriebenen Teil ergänzen sollte. Der ursprüngliche Plan sah demnach vor, die ersten 188 Paragraphen durch einen zweiten Teil über die Philosophie der Mathematik zu ergänzen.

»Anschluss« Österreichs und Kriegszeit (1938-1943)

Nach den Weihnachtsferien in Wien fuhr Wittgenstein im Januar 1938 nach Cambridge, wo er wahrscheinlich einige Vorlesungen hielt. Anschließend reiste er nach Dublin zu seinem Freund Drury, der ihm die Möglichkeit vermittelte, sich in der Klinik, in der Drury als Psychiater tätig war, mit schwer Geisteskranken zu unterhalten. Als ihn in Irland die Nachricht erreichte, dass Hitler in Österreich die Macht übernommen hatte, schrieb Wittgenstein an Sraffa, später auch an Keynes, weil er sich von beiden praktischen Rat erhoffte, und folgte der Empfehlung, die britische Staatsangehörigkeit zu beantragen. Sraffa reiste unterdessen im Auftrag Wittgensteins nach Wien, wo er Grüße ausrichtete und Informationen sammelte, die er dem nervös in Cambridge wartenden Wittgenstein mitteilen konnte. Dessen Bruder Paul hatte sich mit den Schwestern Hermine und Helene überworfen, die in Wien bleiben wollten, während er in die Schweiz und danach in die USA emigrierte.

In dieser schweren Zeit erfuhr Wittgenstein, dass Moores Professur 1939 vakant werden würde. In der Hoffnung, dass eine reguläre Stelle an der Universität seine Position stärken und die Einbürgerung vielleicht beschleunigen würde, bewarb er sich und ließ Rhees eine englische Übersetzung des Anfangs der *Untersuchungen* anfertigen. Diese Übersetzung gab er Keynes, der in der Berufungskommission saß, zur Unterrichtung über seine derzeitige Arbeit. Tatsächlich wurde Wittgenstein im Februar 1939 (mit Wirkung ab Oktober) zum Nachfolger Moores berufen.

Professor in Cambridge

Seit Januar hielt er nun regelmäßig und offiziell Vorlesungen über die Grundlagen der Mathematik, die nicht zuletzt wegen der oft kritischen Diskussionsbeiträge Alan Turings zu den interessantesten und aufgrund der vorzüglichen Edition Cora Diamonds zu den am besten dokumentierten Lehrveranstaltungen Wittgensteins gehören. Nicht selten passierte es, dass jemand mitten im Trimester eine von Wittgensteins Lehrveranstaltungen besuchen wollte, was Wittgenstein jedoch stets untersagte. Davon war einmal auch der spätere Freund Georg Henrik von Wright betroffen. Wittgenstein teilte ihm am 9. März 1939 schriftlich mit: »Ich werde zu erklären versuchen, warum mich die Gegenwart zweier neuer Leute in meiner Veranstaltung vorgestern sehr gestört hat. – In meinen Veranstaltungen gebe ich mein Äußerstes, um den Studenten, die meine Vorlesungen in diesem Semester besuchen, eine *sehr*

TURING: Solange man nicht weiß, daß kein verborgener Widerspruch im Kalkül steckt, kann man sich nicht auf seine Anwendung verlassen.
WITTGENSTEIN: Mir scheint, hier steckt ein ungeheurer Fehler [...]. Ich würde sagen, daß es hier nur zwei Möglichkeiten des Mißlingens gibt: Entweder stürzt die Brücke ein oder man hat einen Rechenfehler gemacht, z. B. falsch multipliziert. Sie aber scheinen zu glauben, daß es noch einen dritten Fehler geben kann, nämlich den, daß der Kalkül falsch ist.
TURING: Nein, aber ich habe etwas dagegen, daß die Brücke einstürzt. (zit. n. *Wittgensteins Vorlesungen über die Grundlagen der Mathematik*, S. 263 f.)

schwierige Sache zu erklären. Ich weiß, daß es für jemanden, der nach Mitte oder sogar *am Ende* eines Semesters dazustößt, unmöglich ist, eine Vorstellung davon zu bekommen, worauf wir schließlich hinauswollen. Er muß vielmehr falsche Vorstellungen bekommen. [...] bitte, kommen Sie nicht zu den letzten Veranstaltungen [...] in diesem Semester« (zit. n. von Wright o. J., S. 339).

Bereits 1938 hatte Wittgenstein seine Schwester Gretl in Paris und seinen Bruder Paul in Zürich getroffen, um mit ihnen zu besprechen, wie sie den noch in Wien lebenden Schwestern, die wegen der Rassengesetze bedroht waren, helfen könnten. Nach mehreren verfehlten Anläufen gelang es ihnen schließlich durch erhebliche Vermögensübertragungen an die Reichsbank, einen zweiten Großvater nachträglich zu »arisieren«, so dass Hermine und Helene von nun an als »Mischlinge« galten und auf diese Weise tatsächlich der Verfolgung entgingen. Nachdem Wittgenstein seit April 1939 britischer Staatsbürger geworden war und am 2. Juni seinen britischen Pass erhalten hatte, konnte er Gretl unterstützen – sie hatte schon im Jahr zuvor bei der Rettung Freuds vor den nationalsozialistischen Machthabern tatkräftige Hilfe geleistet – und durch Reisen nach Berlin und New York sowie durch Teilnahme an komplizierten Verhandlungen über Vermögensfragen und die gewünschten Regelungen seitens der Reichsstelle für Sippenfor-

Rettung der Wiener Schwestern

schung dazu beitragen, dass den Schwestern das befürchtete Schicksal der Deportation erspart blieb.

Wittgensteins Lehrtätigkeit war trotz all seiner Schwierigkeiten und Selbstzweifel erfolgreich. Die Studenten waren fasziniert und hingen an seinen Lippen. Einer der Hörer war der junge Amerikaner Norman Malcolm, der die vielleicht anschaulichsten Erinnerungen an Wittgenstein veröffentlicht hat. Darin schildert er nicht nur den typischen Ablauf der Sitzungen, Wittgensteins konzentrierte, unerbittliche Denkanstrengungen, sondern auch das übliche Nachspiel: die Frage des Dozenten, ob man ins Kino mitkomme. Unterwegs kaufte sich Wittgenstein ein belegtes Brötchen oder dergleichen. Im Kino saß er stets in der ersten Reihe, aß das Mitgebrachte und ging völlig in dem Film auf. »Das ist wie eine Dusche!«, meinte er (zit. n. Malcolm 1987, S. 45). Er liebte amerikanische Unterhaltungsfilme und verabscheute das englische Kino. Fania Pascal berichtet von einer Gelegenheit, bei der sich Wittgenstein und Skinner äußerst angeregt und voller Bewunderung über einen Tanzfilm mit Ginger Rogers und Fred Astaire unterhalten hatten. Mit dem Oxforder Philosophen Gilbert Ryle wiederum kam es zum Streit über die Frage, ob ein guter englischer Film überhaupt möglich sei – was Wittgenstein vehement leugnete.

Kintopp

Als der Krieg ausbrach, blieb Wittgenstein zunächst in Cambridge und lehrte dort in der üblichen Form bis Herbst 1941. Im Oktober beschloss er, in einem Londoner Krankenhaus zu arbeiten, um angesichts des Kriegs auch einen Beitrag zu leisten. Wittgenstein pendelte nun bis April 1943 an Samstagen nach Cambridge, um dort zu unterrichten. Die Sommerferien verbrachte er regelmäßig in Swansea bei seinem Freund Rush Rhees. Im Frühjahr 1943 schloss er sich einer medizinischen Forschungsgruppe an, die nach Newcastle ging, was die Einstellung seiner Cambridger Lehrtätigkeit nach sich zog.

Schon 1938 hatte Wittgenstein bei dem Verlag Cambridge University Press angefragt, ob man sein Buch veröffentlichen wolle. Jetzt, 1943, brachte er das gleiche Anliegen noch einmal vor. Der Verlag zeigte sich interessiert, aber bekanntlich ist nichts aus dem Projekt geworden. Wittgensteins Anfrage darf

»Er mochte Nordengland: Als er in Newcastle den Schaffner auf einem Bus fragte, wo er aussteigen müsse, um in ein bestimmtes Kino zu gehen, sagte ihm der Schaffner sogleich, der Film sei schlecht und er solle sich einen anderen anschauen. Damit wurde im Bus ein hitziges Wortgefecht ausgelöst, bei dem es darum ging, welchen Film Wittgenstein anschauen solle und warum. Das gefiel ihm.« (Karl Britton, »Portrait of a Philosopher«, S. 63)

jedoch sicher als Zeichen dafür gewertet werden, dass er das Gefühl hatte, an seinem Buch weiterarbeiten zu können. Seit 1938 hatte er zwar eine ganze Reihe von Manuskriptbänden gefüllt, aber die meisten Bemerkungen handelten von philosophischen Fragen der Mathematik. Daran sollte sich offenbar etwas ändern. Ein Anlass war vielleicht die neuerliche Lektüre der *Abhandlung*, auf die er sich zusammen mit einem Freund, dem aus Russland stammenden Altphilologen und Sprachwissenschaftler Nicholas Bachtin, eingelassen hatte.

Letzte Jahre (1944-1951)

Anfang 1944 ließ er sich, nachdem die Forschungsgruppe ihre Tätigkeit in Newcastle eingestellt hatte, von der Universität beurlauben und zog zu Rhees nach Swansea, wo er bald Bemerkungen zu schreiben begann, die sich immer weiter von Themen der Philosophie der Mathematik entfernten. Nun entstanden in rascher Folge große Stücke des zentralen Teils der *Philosophischen Untersuchungen* über das Regelfolgen, die Unmöglichkeit einer privaten Sprache, den Gebrauch unserer Begriffe für Empfindungen usw. Im Oktober 1944 nahm er seine Lehrtätigkeit in Cambridge wieder auf, die sich bis 1947 mit Fragen der Philosophie der Psychologie beschäftigte.

In Wales

Wahrscheinlich 1946 schloss Wittgenstein die letzte Fassung der *Philosophischen Untersuchungen* ab. Die Zusammenstellung und Umordnung der zum Teil dem »Big Typescript« entnommenen Bemerkungen des letzten Drittels war ein enorm kompliziertes und mühsames Geschäft. Gleichzeitig mehrten sich in den Briefen an Freunde die Hinweise auf

Ben Richards, vermutlich 1946

seine Unzufriedenheit mit dem Dasein als Hochschullehrer und der Ergebnislosigkeit seiner Vorlesungen. Mitte 1947 fasste er endgültig den Entschluss, die Professur niederzulegen. Offiziell schied er zum Jahresende aus, aber schon im November verließ er Cambridge und reiste wieder nach Dublin, um in einer Pension in der Nähe der von ihm schon früher besuchten Klinik zu wohnen. In Irland besuchte ihn auch Ben Richards, ein Medizinstudent, den Wittgenstein 1945 kennen gelernt und in den er sich verliebt hatte. Für Wittgenstein war diese Liebe ein »großes, seltenes Geschenk« (MS 132, S. 77), obwohl er sich ständig sorgte, Richards könne ihn verlassen.

»Ich bin fast sicher, daß ich mein Lehramt im Herbst niederlegen werde. [...] Ich möchte gern irgendwo allein sein und versuchen, zu schreiben und zum mindesten einen Teil meines Buches druckfertig zu machen. Ich werde niemals dazu imstande sein, solange ich hier in Cambridge unterrichte. Ich glaube auch, daß ich, ganz abgesehen vom Schreiben, eine Atempause brauche, um allein zu denken, ohne mit jemandem sprechen zu müssen.« (Wittgenstein an Norman Malcolm, 27. 8. 1947; zit. n. Malcolm 1987, S. 165)

Zurückgezogen in Irland

Im Januar 1948 bezog Wittgenstein eine Wohnung in Red Cross, einem Ort in der Grafschaft Wicklow, wo die Arbeit an seinem Manuskript anfangs recht gut voranschritt, nach wenigen Monaten jedoch ins Stocken geriet. Daraufhin stellte ihm Drury ein Häuschen in Connemara zur Verfügung, wo er bis August blieb und sich wohl fühlte. Er arbeitete, unternahm Spaziergänge, auf denen er Vögel beobachtete und einige sogar zähmte, so dass sie ihm aus der Hand fraßen. Die restliche Zeit in Irland – bis Juni 1949 – wohnte er wieder in der Dubliner Pension, wo er in Ruhe arbeiten und mit Drury zusammen sein konnte, der ihn häufig besuchte.

Wahrscheinlich in dieser Zeit fertigte er eine geordnete Auswahl aus den Manuskripten der letzten Jahre an. Es ging um Themen der Philosophie der Psychologie, vor allem um Fragen des Aspektsehens. Dieses später als »Teil II« der *Philosophischen Untersuchungen* veröffentlichte Material wurde vermutlich im Juli 1949 in Cambridge diktiert oder abgeschrieben. Von Cambridge aus besuchte er Ben Richards in Uxbridge, um anschließend mit der »Queen Mary« in die Vereinigten Staaten zu reisen, wo er auf Einladung Malcolms, der jetzt an der Cornell University lehrte, einige Monate in Ithaca im Staat New York verbrachte.

Vgl. S. 102 ff.

In der Zwischenzeit war er mehrmals in Wien gewesen, vor allem um nach seiner krebskranken Schwester Hermine zu sehen und alte Freunde wie Hänsel und Koder zu besuchen. Wittgenstein selbst klagte des Öfteren über seine schlechte Gesundheit, aber die Ärzte konnten nichts finden. In Amerika ging es ihm in den ersten Wochen sehr gut. Angeregt diskutierte er mit seinem Freund Malcolm und dessen Kollegen. Dann fühlte er sich plötzlich sehr unwohl und begab sich ins Krankenhaus, um sich gründlich untersuchen zu lassen. Auch dort stellte man nichts Beunruhigendes fest. Doch Wittgenstein wurde nervös, denn er wollte, wie er sagte, auf keinen Fall in Amerika sterben: »Ich bin ein Europäer – ich will in Europa sterben« (zit. n. Malcolm 1987, S. 125).

Ende Oktober 1949 war Wittgenstein wieder in England. Für kurze Zeit wohnte er in London, dann zog er nach Cambridge in das Haus seines Freundes (und Nachfolgers auf dem Lehrstuhl für Philosophie) Georg Henrik von Wright. Wieder suchte er Ärzte auf, und diesmal lautete der Befund »Prostatakrebs«. Eine Operation wurde ausgeschlossen, doch musste Wittgenstein hohe Dosen eines Hormonpräparats nehmen, das ihm zwar half, aber den Nebeneffekt hatte, dass er sich »oft *sehr* dumm und dösig und matt« fühlte, wie er an seinen ehemaligen Lehrerkollegen Rudolf Koder schrieb (zit. n. Alber 2000, S. 85), und daher nicht viel arbeiten konnte. Einige Freunde klärte er über seinen Gesundheitszustand auf, aber die Angehörigen sollten nichts von der Krebskrankheit erfahren.

Krankheit

Im Frühjahr 1950 unterbreitete man ihm das Angebot, in Oxford die prestigeträchtigen »Locke Lectures« zu halten. Wittgenstein lehnte ab. Ende April zog er in das Haus seiner Schülerin Elizabeth Anscombe in Oxford, wo er bis Oktober blieb, um anschließend mit Ben Richards nach Norwegen zu fahren. Wittgenstein war guter Dinge, aber Richards erkrankte an einer schweren Bronchitis, so dass sie nicht mehr in der Hütte bleiben konnten, sondern im Ort Quartier nehmen mussten. Die beiden lasen gemeinsam Freges *Grundlagen der Arithmetik* – die zweisprachige Ausgabe mit John L. Austins englischer Übersetzung war soeben erschienen. Nach England zurückgekehrt, wohnte Wittgenstein wieder in Anscombes Haus, bis er im Februar 1951 nach Cambridge zu seinem Arzt Dr. Bevan zog. Da Wittgenstein auf keinen Fall im Krankenhaus sterben wollte, hatte Dr. Bevan ihm angeboten, ein Zimmer in seinem Haus zu beziehen, wo sich seine Frau um ihn kümmern werde.

Wittgenstein nahm das Angebot dankbar an. Die Strahlen- und Hormonbehandlung wurde abgesetzt, und plötzlich kehrte Wittgensteins Schaffenskraft zurück. In den letzten Wochen seines Lebens notierte er Bemerkungen, die zu den anregendsten gehören, die er geschrieben hat. Die in den kurz zuvor entstandenen Manuskripten über das Thema »Gewissheit« aufgeworfenen Fragen sind so raffiniert gestellt, dass sie diesen letzten Aufzeichnungen eine erstaunliche Einheitlichkeit verleihen, wie man sie in Wittgensteins ersten Niederschriften selten findet. Außerdem lassen sich diese Seiten auf einige der fesselndsten Bemerkungen der *Philosophischen Untersuchungen* beziehen und gewinnen daher zusätzliches Interesse. Man denke besonders an die mitunter schwer zu enträtselnden Äußerungen zum Begriff der Lebensform, über »die gemeinsame menschliche Handlungsweise« und die Notwendigkeit der »Übereinstimmung in den Urteilen« (vgl. etwa PhU, §§ 206 und 242).

Vgl. *Über Gewißheit*, S. 108 ff.

Diese letzten Eintragungen nahm er an Tagen vor, die er im Übrigen mit Spaziergängen, Briefschreiben und gelegentlichen Visiten bei von Wright und anderen Freunden verbrachte. Mit Mrs. Bevan, die nach anfänglicher Scheu Zutrauen zu ihm gefasst hatte, ging er abends regelmäßig ins

Wittgenstein und von Wright in Cambridge 1950

Pub, um zwei Gläser Portwein zu bestellen – seins goss er allerdings stillvergnügt lächelnd in einen Blumentopf. Am 27. April, einen Tag nach seinem 62. Geburtstag, notierte er die letzte Bemerkung. Nach dem üblichen Pubbesuch ging es ihm sehr schlecht. Er konnte nicht mehr aufstehen, Mrs. Bevan wachte in der nächsten Nacht an seinem Bett und sagte, seine Freunde seien verständigt und auf dem Weg zu ihm. Worauf er ihr antwortete: »Sagen Sie ihnen, daß ich ein wundervolles Leben gehabt habe!« (zit. n. Malcolm 1987, S. 132). Das waren seine letzten Worte. Am 29. April 1951 starb er. Die anwesenden katholischen Freunde entschieden nach einigem Überlegen, ein Priester möge die üblichen Gebete sprechen. Auch die Beerdigung wurde nach katholischem Ritus vollzogen. Georg Henrik von Wright sorgte später für den schönen schlichten Grabstein.

»Wundervolles Leben«

Werk

Es ist üblich, Wittgensteins Schriften verschiedenen Schaffensperioden zuzuordnen. In den fünfziger und sechziger Jahren pflegte man nur zwischen dem frühen und dem späten Wittgenstein zu unterscheiden: zwischen dem Wittgenstein der *Logisch-philosophischen Abhandlung* und dem der *Philosophischen Untersuchungen* – Wittgenstein I und Wittgenstein II. Die Schriften der mittleren Periode (1929-1936) werden zwar häufig auch heute noch als bloße Arbeiten des Übergangs zur Spätphilosophie wahrgenommen, aber schon allein der Umfang dieses Materials legt eine Abtrennung von den vorhergehenden und den folgenden Schriften nahe. Bei näherer Betrachtung zeigt sich überdies eine Vielzahl von Unterschieden in der Themen- und Fragestellung, so dass es auf jeden Fall ratsam ist, die Produktion dieser Zeit gegenüber der *Logisch-philosophischen Abhandlung* und ihren Vorstufen einerseits und den *Philosophischen Untersuchungen* sowie sonstigen Schriften des späteren Wittgenstein andererseits abzugrenzen. Immer wieder wird geltend gemacht, man müsste den ganz späten Wittgenstein vom späten trennen und auf jeden Fall *Über Gewißheit* als Neuansatz werten. Auch für diese Auffassung lassen sich gute Gründe anführen, aber mindestens ebenso gute Gründe sprechen dagegen. Daher soll es hier bei der konventionellen und womöglich allzu äußerlichen Periodisierung in frühe (1913-1918), mittlere (1929-1936) und späte Schriften (1936-1951) bleiben.

Frühe Schriften

Vorarbeiten zur *Logisch-philosophischen Abhandlung*

Das einzige von Wittgenstein selbst veröffentlichte philosophische Werk, die im Spätsommer 1918 abgeschlossene *Logisch-philosophische Abhandlung*, beruht auf einer Reihe von Vorarbeiten, die zu einem nicht geringen Teil erhalten sind.

»Logik« nach Russell und Moore

Die beiden frühesten dieser Texte sind auf Englisch verfasst und Ergebnisse von Gesprächen mit Bertrand Russell und G. E. Moore, denen Wittgenstein diktierend oder in Form von Manuskriptauszügen seine Gedanken mitgeteilt hatte.

Vgl. S. 19f.

Eigentlich wäre es angebracht, diese im Herbst 1913 von Russell übersetzten und bearbeiteten »Aufzeichnungen über Logik« sowie die »Aufzeichnungen, die G. E. Moore in Norwegen nach Diktat niedergeschrieben hat« als von den beiden englischen Freunden überlieferte Extrakte aus Wittgensteins ersten Manuskripten anzusehen. Wittgenstein selbst nannte seine Arbeit damals »Logik«, und diese Bezeichnung gibt Aufschluss über ihren Inhalt: Von Überlegungen Freges und Russells ausgehend, legt Wittgenstein seine Gedanken zu Grundbegriffen der Logik und der Sprachphilosophie dar, soweit man diese mit logischen Mitteln in den Griff bekommen kann. Eine große Rolle spielt die Suche nach den grundlegenden Formen der Sätze – Subjekt-Prädikat-Sätze und relationale Sätze – und deren Bestandteilen: Namen, Prädikate, Symbole für Relationen. Überall spürbar ist die Faszination durch den Gedanken der Bipolarität, das heißt die Vorstellung, jeder richtig gebildete Satz habe zwei Pole – Wahr und Falsch –, an denen die zweiwertige Logik ansetzen könne.

G. E. Moore, der in Cambridge Philosophie lehrte

Solche Gedanken zur Logik der Sprache prägen auch die ersten beiden der drei erhaltenen Notizbücher aus der Kriegszeit (»Tagebücher 1914-1916«), doch im dritten dieser Manuskriptbände stellt sich ein auffälliger Wandel ein, den Wittgenstein selbst mit den Worten charakterisiert: »Ja, meine Arbeit hat sich ausgedehnt von den Grundlagen der Logik zum Wesen der Welt« (2. 8. 1916). Auf diesen Seiten des Manuskripts ist viel von Gott, Gut und Böse, dem Willen und dem Ich die Rede, wobei ein mystischer Einschlag nicht zu verkennen ist. Die Entstehung mancher Grundgedanken der *Abhandlung* lässt sich mit Hilfe dieser Notizbücher verfolgen. So taucht die Vorstellung des Satzes als *Bild* eines Sachverhalts in mehrfach variierter Form auf, nachdem Wittgenstein eine Reportage über die Rekonstruktion eines Verkehrsunfalls gelesen hat: »Im Satz wird eine Welt probeweise zusammengestellt. (Wie wenn im Pariser Gerichtssaal ein Automobilunglück mit Puppen etc. dargestellt wird.)« (29. 9. 1914).

Bilder

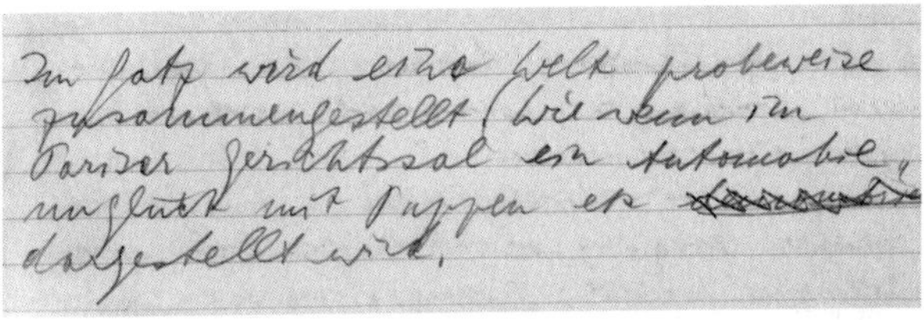
Im Satz wird eine Welt probeweise zusammengestellt. (Wie wenn im Pariser Gerichtssaal ein Automobilunglück mit Puppen etc. dargestellt wird.)

Die Anfänge der Bildtheorie

Erstaunlich ist die Form, in der Wittgensteins Manuskripte gleich am Anfang den Grundton der folgenden Bemerkungen anstimmen. So beginnen die Moore-Aufzeichnungen mit der Feststellung, die »logischen Sätze *zeigen* die logischen Eigenschaften der Sprache und infolgedessen der Welt, aber sie *sagen* nichts« (WW 1, S. 209). Damit ist der für das Verständnis der gesamten späteren *Abhandlung* maßgebliche Gegensatz zwischen Sagen und Zeigen – zwischen dem, was gezeigt, aber nicht gesagt werden kann (LphA, 4.1212) – genannt. Der erste Satz der Tagebücher wiederum lautet: »Die Logik muß für sich selber sorgen« (22. 8. 1914). Damit ist unter anderem die These aufgestellt, dass die Logik eine von Hilfstheorien wie der Typentheorie Russells unabhängige Instanz sein muss. Nur diese Unabhängigkeit der Logik verbürgt, dass ihre tautologischen, also nichtssagenden Sätze dennoch die Welt spiegeln können (LphA, 5.511), dass sie vor jeder Erfahrung, vor dem Wie (wenn auch nicht vor dem Was) kommt (LphA, 5.552).

Die letzte der Vorarbeiten zur *Abhandlung* ist der sogenannte »Prototractatus«, ein Manuskriptbuch, das die weitaus meisten Bemerkungen der *Abhandlung* in mitunter abweichender Form und mit ähnlicher, aber nicht genau übereinstimmender Nummerierung wie das veröffentlichte Werk enthält. Wie die Forschungen von Brian McGuinness gezeigt haben, ist der »Prototractatus« weder ein einheitliches Gebilde noch das Ergebnis eines einzigen Arbeitsschritts der Übertragung ausgewählter Bemerkungen aus früheren Manuskripten. Vielmehr enthält dieser Manuskriptband zumindest einen weiteren, früheren Entwurf zu einer Abhandlung, die, wie McGuinness schreibt, durch das Fehlen eines Teils der späteren Bemerkungen zwar vielleicht weniger verständlich gewesen wäre als die veröffentlichte Schrift, dafür aber dem Vorhaben der *Abhandlung*, über Unsagbares zu schweigen, in konsequenterer Form entsprochen hätte.

Ausgaben: »Aufzeichnungen über Logik« (1913), in: WW 1, S. 188-208 (Erstveröffentlichung der unbearbeiteten Fassung: »Notes on Logic«, hg. von Brian McGuinness, in: Wittgenstein, *Notebooks 1914-1916*, hg. von G. H. von Wright und G. E. M. Anscombe, 2. Aufl., Oxford: Blackwell 1979). – »Aufzeichnungen, die G. E. Moore in Norwegen nach Diktat niedergeschrieben hat (April 1914)«, in: WW 1, S. 209-223 (Erstveröffentlichung: »Notes Dictated to G. E. Moore in Norway: April 1914«, in: *Notebooks 1914-1916*, 1. Aufl., Oxford: Blackwell 1961). – »Tagebücher 1914-1916«, in: WW 1, S. 87-187 (Erstveröffentlichung in: *Notebooks 1914-1916* [die Tagebücher reichen vom 22. 8. 1914 bis 10. 1. 1917]). – »Prototractatus«, in: Kritische Edition der *Logisch-philosophischen Abhandlung* (siehe dort), S. 181-255 (Erstveröffentlichung hg. von B. F. McGuinness, T. Nyberg und G. H. von Wright, London: Routledge & Kegan Paul 1971).
Weiterführende Literatur: Michael A. R. Biggs, *Editing Wittgenstein's »Notes on Logic«*, Working Papers from the Wittgenstein Archives at the University of Bergen, No. 11, 1996 (auch unter www.wittgenstein-portal.com). – Brian McGuinness, »Wittgenstein's 1916 ›Abhandlung‹«, in: Rudolf Haller/Klaus Puhl (Hg.), *Wittgenstein und die Zukunft der Philosophie. Eine Neubewertung nach 50 Jahren*, Wien 2002, S. 272-282.

Logisch-philosophische Abhandlung (Tractatus logico-philosophicus)

Vgl. S. 25 ff.

Von Anfang an Klassiker

Bereits die erste Buchveröffentlichung der *Logisch-philosophischen Abhandlung* – des *Tractatus logico-philosophicus* – präsentierte diese nicht einmal 100 Seiten zählende Schrift als philosophischen Klassiker. Denn so als hätte man es mit einem Platonischen Dialog zu tun gehabt, kam der Text zweisprachig daher: das deutsche Original links, die englische Übersetzung rechts. Dazu passte auch der mitunter biblisch-orakelhafte Ton jener ersten Übersetzung. Wirklich zum Klassiker wurde das Buch jedoch durch die alsbaldige Rezeption in Cambridge, im Wiener Kreis und bei zahlreichen Philosophen, die mit diesen beiden Zentren in Verbindung standen. Nicht unwichtig war auch das Gerücht, das sich im Laufe der dreißiger Jahre immer weiter herumsprach, der Autor der *Abhandlung* habe sich von diesem Jugendwerk losgesagt und verfolge nun ganz andere Wege. Dadurch wurde das Frühwerk von der weiteren Entwicklung seines Autors abgeschnitten und als etwas ganz Separates an einen eigenen Ort gestellt. So kam es, dass dieses Buch nicht erst durchs Altern zum Klassiker wurde.

Ein weiterer Grund für die dem Buch von vornherein zugebilligte Ausnahmestellung liegt in seinem Aufbau und dem auffälligen Nummerierungssystem, das dazu führt, dass man seine Sätze – wie Bibelverse – durch Verweis auf ihre Zählung zitiert. Schon der »Prototractatus« beginnt auf seiner ersten Textseite mit einigen Sätzen, die das Gerüst der Gesamtstruktur großenteils enthalten. Es sind 15 mit ganzen Zahlen oder Zahlen mit nur einer Dezimalstelle nummerierte Bemerkungen, die weitgehend mit den entsprechenden Sätzen der *Abhandlung* übereinstimmen. Am Ende des »Prototractatus«-Manuskripts steht das zweifellos erst kurz vor Abschluss der *Abhandlung* geschriebene Vorwort, das bis auf die in den letzten Zeilen formulierten Danksagungen an den Onkel Paul Wittgenstein und Bertrand Russell im Wesentlichen mit dem gedruckten Vorwort übereinstimmt. Wie Wittgenstein an Ludwig von Ficker schrieb, bringen das Vorwort und der Schluss des Buchs den Sinn besonders eindringlich zum Ausdruck. Es ist daher ratsam, diesen beiden Teilen des Texts größte Aufmerksamkeit zu schenken.

Lektüre mit Vergnügen

Im Vorwort heißt es, die Möglichkeit des Verständnisses sei vom Vorhandensein einer gewissen Geistesverwandtschaft zwischen Leser und Autor abhängig. Wer diese oder ähnliche Gedanken selbst schon gedacht habe, werde die Lektüre nicht nur erhellend finden, sondern womöglich sogar sein »Vergnügen« daran haben. Philosophische Probleme beruhten auf Missverständnissen der Sprachlogik. Der Sinn des Ganzen lasse sich mit den Worten resümieren: »Was sich überhaupt sagen läßt, läßt sich klar sagen; und wovon man nicht reden kann, darüber muß man schweigen.« Es komme darauf an, dem Denken oder vielmehr: dem Ausdruck der Gedanken

»[...] der Sinn des Buches ist ein Ethischer. Ich wollte einmal in das Vorwort einen Satz geben, der nun tatsächlich nicht darin steht, den ich Ihnen aber jetzt schreibe, weil er Ihnen vielleicht ein Schlüssel sein wird: Ich wollte nämlich schreiben, mein Werk bestehe aus zwei Teilen: aus dem, der hier vorliegt, und aus alledem, was ich *nicht* geschrieben habe. Und gerade dieser zweite Teil ist der Wichtige. Es wird nämlich das Ethische durch mein Buch gleichsam von Innen her begrenzt; und ich bin überzeugt, daß es, *streng*, NUR so zu begrenzen ist. Kurz, ich glaube: Alles das, was viele heute schwefeln, habe ich in meinem Buch festgelegt, indem ich darüber schweige. Und darum wird das Buch, wenn ich mich nicht sehr irre, vieles sagen, was Sie selbst sagen wollen, aber Sie werden vielleicht nicht sehen, daß es darin gesagt ist. Ich würde Ihnen nun empfehlen, das *Vorwort* und den *Schluß* zu lesen, da diese den Sinn am unmittelbarsten zum Ausdruck bringen.« (Wittgenstein an Ludwig von Ficker, Oktober oder November 1919; *Briefe*, S. 96 f.)

eine Grenze zu ziehen. Damit ist, wie viele Interpreten betont haben, ein an Kants kritische Philosophie gemahnendes Motiv angesprochen: Doch während Kant die Grenzen des Vernunftgebrauchs bestimmen wollte, geht es bei Wittgenstein um die Grenzen des sprachlich artikulierbaren Sinns. Jenseits des Sagbaren, des Sinns, gebe es nur Unsinn.

Den Wert seiner Arbeit sieht Wittgenstein erstens in den möglichst angemessen ausgedrückten Gedanken, deren Wahrheit er für »unantastbar und definitiv« hält, und zweitens in dem Nachweis, dass mit der endgültigen Problemlösung nur wenig erreicht sei. Ein das Paradoxe dieser Einsicht betonendes Echo enthält die Bemerkung 6.52: »Wir fühlen, daß selbst wenn alle *möglichen* wissenschaftlichen Fragen beantwortet sind, unsere Lebensprobleme noch gar nicht berührt sind. Freilich bleibt dann eben keine Frage mehr; und eben dies ist die Antwort.«

Welchen Teil des Buches Wittgenstein mit dem Ficker ans Herz gelegten »Schluss« meint, ist nicht ganz klar. Vertretbar wäre die Ansicht, dass 6.4 – »Alle Sätze sind gleichwertig« –

und die folgenden Bemerkungen über das Ethische, den Willen, den Tod, das Mystische und die Nichtexistenz *des Rätsels* mit dazu gehören. Denkbar wäre aber auch, dass Wittgenstein nur die letzten drei Bemerkungen meinte, in denen er unter anderem die Sätze der *Abhandlung* mit einer Leiter vergleicht, auf der man zur Einsicht in die Unsinnigkeit dieser Sätze steigen kann, um die Leiter anschließend wegzuwerfen. Erst demjenigen, der die Sätze des Buchs auf diese Weise »überwunden« hat, wird sich das in dem letzten, dem berühmten 7. Satz ausgesprochene Gebot erschließen: »Wovon man nicht sprechen kann, darüber muß man schweigen.« Nachgerade provoziert wird hier die Frage des Lesers, wie denn die Unsinnigkeit der Sätze des Buchs damit zu vereinbaren sei, dass in ihm »Gedanken ausgedrückt« seien (wie es im Vorwort heißt). Solche das Paradoxe zumindest streifenden Formulierungen sind von Wittgenstein sicher bewusst gewählt worden und sollen die Aufmerksamkeit des Lesers in nicht offenkundige Richtungen und auf verborgene Bedeutungen lenken.

Leiter zum Wegwerfen

Ebenfalls zum Schluss des Buchs und damit zu dessen Pointe gehört die folgende Bemerkung über die Methode: »Die richtige Methode der Philosophie wäre eigentlich die: Nichts zu sagen, als was sich sagen läßt, also Sätze der Naturwissenschaft – also etwas, was mit Philosophie nichts zu tun hat –, und dann immer, wenn ein anderer etwas Metaphysisches sagen wollte, ihm nachzuweisen, daß er gewissen Zeichen in seinen Sätzen keine Bedeutung gegeben hat. Diese Methode wäre für den anderen unbefriedigend – er hätte nicht das Gefühl, daß wir ihn Philosophie lehrten – aber *sie* wäre die einzig streng richtige« (6.53).

Die richtige Methode

Die richtige Methode der Philosophie wäre demnach ein völlig philosophiefremdes Verfahren. Auffällig sind die Wörter »eigentlich« und »wäre« – Letzteres wird durch dreimaligen Gebrauch besonders betont. Diese Formulierungen könnten darauf hindeuten, dass es zwar »eigentlich« so »wäre« wie in 6.53 dargestellt, aber in Wirklichkeit oder im Grunde doch nicht so ist. Eine andere Lesart könnte besagen, das bewusst in Kauf genommene Paradox der antiphilosophischen philo-

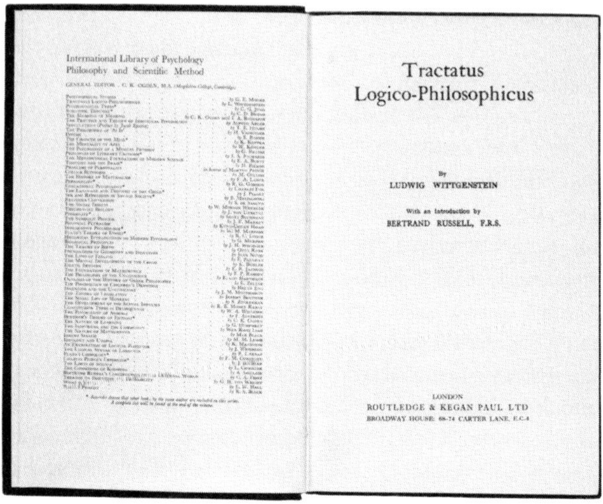

Die erste Buchausgabe der *Logisch-philosophischen Abhandlung* erscheint in England.

sophischen Methode zeige, dass philosophische Methode – oder gar die Philosophie überhaupt – ein Ding der Unmöglichkeit sei.

Jedenfalls legt die *Abhandlung* – wie es sich für einen philosophischen Klassiker gehört – eine ganze Reihe möglicher Interpretationen nahe, ohne deshalb in völlige Beliebigkeit abzugleiten. Ein weiteres Fundamentalproblem der Deutung des Buchs hängt mit der genannten Leiterstruktur des Texts zusammen. Die mit ganzen Zahlen nummerierten Bemerkungen 1 bis 7 dürften, um im Bild zu bleiben, die Hauptsprossen sein, 1.1, 1.2, 2.1, 2.2 usw. die nächst wichtigen, die ihrerseits durch 1.11, 1.12 …, 2.01, 2.011 usw. erläutert oder näher bestimmt werden. Dieses Schema lässt darauf schließen, dass die Hauptstationen des Wegs an folgenden Begriffen liegen: 1. Welt; 2. Tatsache, Sachverhalt; 3. logisches Bild, Gedanke; 4. Gedanke, sinnvoller Satz; 5. Satz als Wahrheitsfunktion von Elementarsätzen; 6. allgemeine Form der Wahrheitsfunktion, des Satzes; 7. Unsagbarkeit und Schweigen. Noch grober skizziert, könnte man die Stationen mit Hilfe von Etiketten für philosophische Teildisziplinen oder deren Zentralbegriffe benennen: Ontologie, Bildtheorie, Denken und Urteilen, Satz und Sprache überhaupt, logische Analyse der Sprache,

Status des Logischen, die Ethik der logischen Betrachtungsweise.

Solche oder ähnliche Skizzen lassen an Hierarchiebildung, also Überordnung einerseits und an Fundierung oder Grundlegung andererseits denken: Je weiter ich auf der Leiter emporsteige, desto höher stehe ich; und ohne die unteren Sprossen wird es schwierig oder unmöglich sein, die höheren zu erklimmen. Diese Interpretation mag sich zwar aufdrängen, aber man sollte die Metapher der Leiter nicht überstrapazieren, und zwar aus mehreren Gründen: Erstens sind die Abhängigkeitsverhältnisse und Korrespondenzen zwischen den Bemerkungen der *Abhandlung* komplizierter und vielschichtiger als jedes leiterartige Gebilde. Zweitens sprechen gewichtige inhaltliche Gründe gegen eine durchweg hierarchische Strukturierung des Texts und die Annahme, es bestehe ein klares Fundierungsverhältnis zwischen verschiedenen Teilen der *Abhandlung*. Drittens gibt es etliche Bemerkungen, die in *einer* Hinsicht zu den stark abhängigen Sätzen mit vielen Dezimalstellen gehören, in *anderer* Hinsicht jedoch weit im Vordergrund stehen.

Grundgedanke der *Abhandlung*

Das wohl frappierendste Beispiel hierfür ist der explizit so bezeichnete »Grundgedanke« des Buchs, der die Ordnungsnummer 4.0312 trägt. Der zweite Absatz lautet: »Mein Grundgedanke ist, daß die ›logischen Konstanten‹ nicht vertreten. Daß sich die *Logik* der Tatsachen nicht vertreten läßt.« Diese Einsicht ist deshalb so wichtig, weil sie den logischen Aspekt der Sätze von ihrem inhalts- und insofern auch sinnkonstitutiven Aspekt scheidet. Dieser Aspekt hängt mit dem Kern der Bildtheorie zusammen und findet in Sätzen wie den folgenden Ausdruck: »Die Elemente des Bildes vertreten im Bild die Gegenstände« (2.131); »Der Name vertritt im Satz den Gegenstand. Die Gegenstände kann ich nur *nennen*. Zeichen vertreten sie [...]« (3.22, 3.221). Das heißt, Namen vertreten die Gegenstände in ähnlicher Form, wie Puppen und Spielzeugautos bei der Rekonstruktion eines Verkehrsunfalls für wirkliche Personen und Autos stehen.

Das Logische am Satz ist völlig unabhängig von einem eventuellen Wirklichkeitsbezug und findet nur auf dem Weg über die mögliche Wahrheit oder Falschheit des Satzes einen Ansatzpunkt. Eben diese Unabhängigkeit verschafft der Vorstellung von logikfreien Satzbausteinen – also Sätzen ohne logische Komplexität, in Wittgensteins Terminologie: *Elementarsätzen* – eine gewisse Plausibilität. Elementarsätze müssen zwar in logischen Verbindungen auftreten können, enthalten aber als letzte Elemente der logischen Analyse komplexerer Sätze ihrerseits gar nichts Logisches mehr: »Der Elementarsatz besteht aus Namen. Er ist ein Zusammenhang, eine Verkettung von Namen« (4.22).

Elementarsätze

Der zweite der oben genannten Einwände gegen die Hierarchie- und Fundierungsperspektive ist besonders gewichtig und hängt in vielerlei Hinsicht mit dem Verständnis der Gesamtstruktur und -tendenz der *Abhandlung* zusammen. Zum einen stützt sich dieser Einwand auf die Fruchtbarkeit des Gedankens, nicht das hierarchische Über- und Nacheinander des Buchaufbaus zu betonen, sondern dessen Mitte: die zentralen Überlegungen über Satz und Sprache in den mit den Ordnungsnummern 3 und 4 beginnenden Bemerkungen. Wer diese Teile des Texts betont, sieht die Anfangs- und Schlussbemerkungen nicht so sehr als Prämissen bzw. Konsequenzen der sprachlogischen Gedanken, sondern eher als eigenständige Satelliten, die um das Zentralgestirn sprachlogischer Einsichten kreisen. Zum anderen geht der Einwand auf die Feststellung zurück, dass der »ontologische« Anfang des Buchs gar keine eigenständige Fundierung liefert. Die ersten Sätze kommen zwar markig daher – »Die Welt ist alles, was der Fall ist. Die Welt ist die Gesamtheit der Tatsachen, nicht der Dinge« usw. –, aber das Buch enthält keinen Hinweis auf eine Möglichkeit, die Welt und ihren Inhalt unabhängig von der Sprache in den Griff zu bekommen. Eine in sich selbst ruhende Ontologie – das heißt eine nicht an den Bezug auf sprachliche Strukturen gebundene Darstellung dessen, was existiert – ist nicht in Sicht.

Will man sich ein Bild der Welt machen, muss die Möglichkeit des Bildes unabhängig von der Wahrheit oder Falschheit der Sätze über sie sein. Dazu ist eine eigenständige Substanz vonnöten: eine feste Form, die unterschiedlich konfiguriert werden kann: »Diese feste Form besteht eben aus den Gegenständen. [...] Nur wenn es Gegenstände gibt, kann es eine feste Form der Welt geben. Das Feste, das Bestehende und der Gegenstand sind Eins. Der Gegenstand ist das Feste, Bestehende; die Konfiguration ist das Wechselnde, Unbeständige« (2.023, 2.026, 2.027, 2.0271). Gegenstände im Sinn der *Abhandlung* sind einfach (nicht zusammengesetzt); sie sind Atome (daher die Bezeichnung von Wittgensteins Frühphilosophie als »logischer Atomismus«).

Auf dem Familiengut Hochreit beendete Wittgenstein seine Arbeit an der *Abhandlung*.

Wenn schon nicht die Gegenstände selbst, so doch wenigstens ihre Namen – die »einfachen Zeichen« – sollen als mögliches Endergebnis der logischen Sprachanalyse ins Auge gefasst werden. Ohne solche Namen wäre kein von der Wahrheit oder Falschheit anderer Sätze unabhängiger Sinn möglich: »Die Forderung der Möglichkeit der einfachen Zeichen ist die Forderung der Bestimmtheit des Sinns« (3.23). Gäbe es keine Bestimmtheit des Sinns, verlöre das ohnehin schon prekäre Gefüge der *Abhandlung* jeglichen Zusammenhalt. Der Begriff des Satzes als Bild, die Vorstellung von einer Bild und Wirklichkeit gemeinsamen Form der Abbildung, der Gedanke der vollständigen Analyse des Satzes bis hin zu den nicht weiter zerlegbaren »Urzeichen« (3.26) – alle diese Elemente erfüllen nur vor dem Hintergrund dieser nicht erwiesenen, sondern *geforderten* Bestimmtheit des Sinns einen erkennbaren Zweck.

Dieses von Spekulationen über »Substanz«, »Form«, »Urzeichen« und dergleichen geprägte Konzept entspricht offenbar einem ganz abgehobenen Begriff von Sprache: Hier geht es (um mit Ferdinand de Saussure zu reden) nicht um Sprache im Sinn von *parole* (also der wirklich gesprochenen Sprache), sondern um Sprache im Sinn von *langue* (eines abstrakten Sprachsystems). Aber es gibt auch eine gegenläufige Tendenz in der *Abhandlung*: Wie abstrakt Wittgensteins Sprachbegriff auch sein mag, ohne Berücksichtigung des Gebrauchs der Sprache bleibt unsere Vorstellung von ihr unzureichend, denn: »Was in den Zeichen nicht zum Ausdruck kommt, das zeigt ihre Anwendung. Was die Zeichen verschlucken, das spricht ihre Anwendung aus« (3.262). Die »eigentliche« Sprache wird von der gesprochenen Sprache verhüllt, doch der Gebrauch dieser Sprache kann andeuten, was es mit jener auf sich hat. Um aus dem Gebrauch der Sprache klug zu werden, bedarf es der logisch informierten, kritischen Sprachbetrachtung. Daher gilt: »Alle Philosophie ist ›Sprachkritik‹« (4.0031).

Eigentliche Sprache

In der *Abhandlung* ist viel von Gesamtheiten die Rede: »Die Welt ist die Gesamtheit der Tatsachen, nicht der Dinge« (1.1). »Die Gesamtheit der Sätze ist die Sprache« (4.001). Und: »Die Gesamtheit der wahren Sätze ist die gesamte Naturwissenschaft (oder die Gesamtheit der Naturwissenschaften)« (4.11). *Dieser* Gesamtheit müssten demnach alle Sätze entnommen werden, die man äußern dürfte, wenn man der »richtigen Methode« der Philosophie folgen wollte (6.53). In der Mitte des Buchs schreibt Wittgenstein jedoch, die Philosophie sei keine der Naturwissenschaften. Sie stehe über oder unter den Naturwissenschaften, aber keinesfalls auf derselben Ebene.

Diesen schon in den frühen Aufzeichnungen von 1913 betonten Gedanken der Sonderstellung der Philosophie verdeutlicht er in der *Abhandlung* durch den Hinweis, in der Philosophie gehe es um die logische Klärung der Gedanken; sie sei keine Lehre, sondern eine Tätigkeit und gebe im Wesentlichen Erläuterungen. Philosophieren sei auch ein Ziehen von Grenzen: Zum einen diene das Klärungsgeschäft der wechselseitigen Abgrenzung der Gedanken (4.112), zum anderen der

Scheidung des Naturwissenschaftlichen vom Philosophischen und von sonstigen Bereichen: »Die Philosophie begrenzt das bestreitbare Gebiet der Naturwissenschaft. Sie soll das Denkbare abgrenzen und damit das Undenkbare. Sie soll das Undenkbare von innen durch das Denkbare begrenzen. Sie wird das Unsagbare bedeuten, indem sie das Sagbare klar darstellt« (4.113 ff.).

Grenzen des Denkbaren

Das Sagbare (das Naturwissenschaftliche) einerseits, das Unsagbare andererseits – zwischen diesen Extremen tut die Philosophie ihre Arbeit. Ihre Aufgabe erfüllt sie durch Klärung der Sprache, und ihr wichtigstes Werkzeug ist die Logik. Den wissenschaftlichen Sätzen können klare Wahrheitsbedingungen zugeordnet werden, das heißt, man kann die Bedingungen angeben, unter denen solche Sätze wahr oder falsch sind. Die Sätze der Logik hingegen sind *Tautologien* (6.1). Sie sagen nichts. Zumindest sagen sie in dem Sinn nichts, in dem wissenschaftliche Sätze etwas »sagen«, denn sie sind unter allen Bedingungen wahr. Mit anderen Worten: Sie sind sinnlos – haben keinen Sinn –, da die Möglichkeit ihrer Falschheit (und damit ihrer Informativität) von vornherein ausgeschlossen ist: Der Satz »Es regnet oder es regnet nicht« ist zwar unter allen Umständen wahr, aber man erfährt nichts, wenn man hört, dass es regnet oder nicht regnet (4.461).

Den Gegensatz zu solchen Tautologien bilden die Kontradiktionen, zum Beispiel »Es ist nicht der Fall, daß es regnet oder nicht regnet«. Kontradiktionen sind unter allen Bedingungen falsch und sagen daher ebenso wenig wie die Tautologien. Tautologien wie Kontradiktionen sind zwar sinnlos, aber nicht unsinnig, denn sie gehören in ähnlicher Weise zum Symbolismus der Sprache wie die Null zum Symbolismus der Arithmetik (4.4611). Wieder kommt der die ganze *Abhandlung* durchziehende Gegensatz zwischen Sagen und Zeigen zum Vorschein: Die logischen Sätze, die Tautologien können zwar nichts sagen, wohl aber etwas zeigen: »Daß die Sätze der Logik Tautologien sind, das *zeigt* die formalen – logischen – Eigenschaften der Sprache, der Welt. Daß ihre Bestandteile *so* verknüpft eine Tautologie ergeben, das charakterisiert die Logik ihrer Bestandteile« (6.12).

Sagen und Zeigen

Das Klärungswerk der Philosophie findet seine Bestimmung auch darin, dass aufgezeigt wird, inwiefern sich die mitunter kompliziert erscheinenden Manipulationen der Logik »zu einem unendlich feinen Netzwerk, zu dem großen Spiegel, verknüpfen« (5.511). Nicht durch Sätze mit Erfahrungsgehalt, sondern durch Aufweisung des tautologischen Charakters alles Logischen wird die Logik zu einem »Spiegelbild der Welt« (6.13). Und dieses Spiegelbild ist eben kein Bild von der Art des Erfahrungssatzes, der deshalb ein Bild der Wirklichkeit ist, weil »ich [...] die von ihm dargestellte Sachlage [kenne], wenn ich den Satz verstehe« (4.021).

Die Logik kann deshalb »weltspiegelnd« sein, weil der Logik gehorchende Sätze, die etwas sagen, in bestimmter Weise als Bilder fungieren. Dieser Bildbegriff, wonach am Satz genauso viel unterscheidbar sein muss wie an der von ihm dargestellten Sachlage, ist bei Wittgenstein, wie er selbst betont, von bestimmten theoretischen Überlegungen des Physikers Heinrich Hertz beeinflusst: Satz und Sachlage »müssen die gleiche logische (mathematische) Mannigfaltigkeit besitzen. (Vergleiche Hertz's Mechanik, über Dynamische Modelle.) Diese mathematische Mannigfaltigkeit kann man natürlich nicht selbst wieder abbilden. Aus ihr kann man beim Abbilden nicht heraus« (4.04, 4.041). Über abbildende, wissenschaftliche Sätze kann der Philosoph und Logiker nur insoweit etwas sagen, als es um die *Form* solcher Sätze oder Satzsysteme geht.

Ein wissenschaftliches System der Weltbeschreibung vergleicht Wittgenstein mit einem über die Welt gelegten Netz, dessen Maschen je nach Beschreibungszweck unterschiedlich gestaltet sein können (6.341). Vor diesem Hintergrund kritisiert er den Gedanken, die Naturwissenschaften könnten alles

Sinn der Welt

erklären (6.373). Der Sinn der Welt kann gar nicht *in* der Welt liegen. Dem entspricht – sprachlich gewendet –, dass es keine ethischen Sätze geben kann, denn »Sätze können nichts Höheres ausdrücken« (6.42). Da Wittgenstein neben den zu »Bildern« taugenden Sätzen der Naturwissenschaft, den ausschließlich in puncto Form interessierenden Sätzen der Logik und den immerhin der Erläuterung dienenden Sätzen des

Philosophen keinen der sinnvollen Rede zugänglichen Bereich des Ethischen dulden kann, nimmt es nicht wunder, dass alles »Höhere« unaussprechlich ist.
Es gibt jedoch, wie Wittgenstein meint, Unaussprechliches, das sich *zeigt* – und das ist »das Mystische«. Dessen kann inne werden, wer die Welt »sub specie aeterni« sieht und sie »als begrenztes Ganzes« fühlt. Wer dem Autor bis hierhin folgt, dem können seine Sätze als »Erläuterungen« dienlich sein, indem er sie »am Ende als unsinnig erkennt, wenn er durch sie – auf ihnen – über sie hinausgestiegen ist«: Ein solcher Leser muss die Sätze des Autors »überwinden, dann sieht er die Welt richtig« (6.54). Wer aus dieser Sicht das Schweigegebot am Ende des Buchs betrachtet, wird vielleicht meinen, der Autor habe hin und wieder zu viel gesagt. Gleichwohl war der Verfasser insofern konsequent, als er sich nach Abschluss der *Abhandlung* über zehn Jahre lang praktisch nicht mehr philosophisch geäußert hat; auch später hat er trotz eifriger Arbeit an zahlreichen Manuskripten und reger Lehrtätigkeit über Philosophie im Grunde gar nichts Schriftliches mehr publiziert.

Ausgaben: *Logisch-philosophische Abhandlung*, unter dem Titel der englischen Ausgabe *Tractatus logico-philosophicus*, in: WW 1, S. 7-85 (Erstveröffentlichung in: *Annalen der Naturphilosophie* 1921; erste Buchveröffentlichung: *Tractatus logico-philosophicus*, dt.-engl. London: Routledge & Kegan Paul 1922); Kritische Edition hg. von Brian McGuinness und Joachim Schulte, Frankfurt a. M.: Suhrkamp 1989, 2. Aufl. 2001; Neuausgabe auf der Grundlage der Kritischen Edition hg. von Joachim Schulte, Frankfurt a. M.: Suhrkamp 2003; Faksimileausgabe der Typoskripte und der von Wittgenstein korrigierten Druckfahnen in: Gerd Graßhoff/Timm Lampert (Hg.), *Logisch-philosophische Abhandlung. Entstehungsgeschichte und Herausgabe der Typoskripte und Korrekturexemplare*, Wien/New York: Springer 2004.
Weiterführende Literatur: Cora Diamond, »Throwing Away the Ladder. How to Read the ›Tractatus‹«, in: Diamond, *The Realistic Spirit*, Cambridge (Mass.) 1991, S. 179-204. – David Pears, *The False Prison. A Study of the Development of Wittgenstein's Philosophy*, Bd. I, Oxford 1987. – Georg Henrik von Wright, »Die Entstehung des ›Tractatus‹«, in: von Wright, *Wittgenstein*, Frankfurt a. M. 1986, S. 77-116.

Schriften der mittleren Periode
»Bemerkungen über logische Form« und »Vortrag über Ethik«

Vgl. S. 32

Die ersten Schriften Wittgensteins seit der Rückkehr nach Cambridge Anfang 1929 sind in vieler Hinsicht der Gedankenwelt der *Logisch-philosophischen Abhandlung* verhaftet und können mitunter als Versuche verstanden werden, bestimmte Überlegungen des frühen Buchs neu zu formulieren oder in anderer Form bzw. in anderem Kontext zu begründen.

Der für Mitte Juli 1929 geplante, aber nicht gehaltene, sondern durch einen nicht überlieferten Text ersetzte Vortrag »Bemerkungen über logische Form« ist insofern interessant, als er ein von Wittgenstein selbst erkanntes Problem der *Abhandlung* dingfest macht und durch eine Reparatur mit dem Geist des Frühwerks in Einklang zu bringen trachtet. Das Problem ergibt sich zum Beispiel bei der Analyse von Farbsätzen: Dass der Satz »A ist jetzt rot« dem Satz »A ist jetzt blau« widerspricht, zeigt im System der *Abhandlung*, dass die beiden Sätze nicht vollständig analysiert, also keine Elementarsätze sind, denn alle Elementarsätze sind logisch unabhängig voneinander – »Ein Zeichen des Elementarsatzes ist es, daß kein Elementarsatz mit ihm in Widerspruch stehen kann« (LphA, 4.211). 1929 hingegen war Wittgenstein der Überzeugung, dass es Sätze (vom Typ der Farbsätze) gibt, die nicht weiter analysiert werden können, das heißt gewissermaßen den Status von Elementarsätzen haben, und einander dennoch ausschließen. Dies ist der Punkt, an dem Wittgenstein seine Reparatur anzubringen versucht: »Hier sage ich absichtlich nicht ›widersprechen‹, sondern ›ausschließen‹, denn zwischen diesen beiden Begriffen besteht ein Unterschied, und die Atomsätze [= Elementarsätze] können einander zwar nicht widersprechen, aber es ist möglich, daß sie einander ausschließen« (25). »Ausschließung« heißt hier, grob gesprochen, dass die gleichzeitige Behauptung beider Aussagen (»A ist rot« und »A ist blau«) aufgrund ihrer Unsinnigkeit als unzulässig gilt. Mit dieser Reparatur scheint sich der Grundsatz, es gebe ausschließlich logische Notwendigkeiten (LphA, 6.375), retten zu lassen. Aber im Denken Wittgensteins kommt es in dieser

Probleme mit Farbsätzen

Zeit zu so vielen und so raschen Veränderungen, dass sich derartige Reparaturen und Rettungsversuche schon bald als überflüssig erweisen.

Im November 1929 hielt Wittgenstein vor einem allgemein interessierten Publikum in Cambridge einen Vortrag über Ethik. Dieser ganz bewusst in der ersten Person formulierte Text gibt nicht nur über Wittgensteins Stimmung und Befinden Auskunft, sondern ergänzt manche Bemerkungen der *Abhandlung* und der Tagebücher in erhellender Weise.

Relativer und absoluter Wert

Ethische Ausdrücke wie »gut«, »Wert«, »... betrifft den Sinn des Lebens« usw. haben, wie Wittgenstein ausführt, zwei grundverschiedene Bedeutungen: eine relative oder triviale Bedeutung einerseits und eine absolute andererseits. Ein guter Sessel ist gut relativ zur Funktion des Sessels. Ein Weg ist der richtige relativ zum Ziel oder Zweck der Reise. Das ist kein ethischer Gebrauch der relevanten Wörter. Wird eine Kränkung hingegen als böse oder eine altruistische Handlung als gut bezeichnet, meint der Sprecher nichts Relatives, sondern er nimmt einen absoluten Wert in Anspruch.

> »Das Ethische kann man nicht lehren. Wenn ich einem anderen erst durch eine Theorie das Wesen des Ethischen erklären könnte, so hätte das Ethische gar keinen Wert.
> Ich habe in meinem Vortrag über Ethik zum Schluß in der ersten Person gesprochen: Ich glaube, daß das etwas ganz Wesentliches ist. Hier läßt sich nichts mehr konstatieren; ich kann nur als Persönlichkeit hervortreten und in der ersten Person sprechen.
> *Für mich* hat die Theorie keinen Wert. Eine Theorie gibt mir nichts.« (*Ludwig Wittgenstein und der Wiener Kreis*, S. 117)

Relative Werturteile lassen sich in Aussagen über Faktisches auflösen und würden daher in einer vollständigen Weltbeschreibung auf derselben Ebene wie wissenschaftliche Sätze und alle möglichen sonstigen Tatsachenaussagen vorkommen, während absolute Werturteile in einer solchen Weltbeschreibung keine Rolle spielen könnten. Eine Wissenschaft der Ethik ist deshalb, wie Wittgenstein meint, ein Unding. Das wirklich Ethische geht unendlich weit über den Bereich des Faktischen hinaus: »Wäre jemand imstande, ein Buch über Ethik zu schreiben, das wirklich ein Buch über Ethik wäre, so würde dieses Buch mit einem Knall sämtliche anderen Bücher auf der Welt vernichten. Werden unsere Wörter so verwendet wie in der Wissenschaft, sind sie Gefäße, die nichts weiter zu enthalten und mitzuteilen vermögen als Bedeutung und Sinn, *natürliche* Bedeutung und *natürlichen* Sinn. Die Ethik ist, sofern sie überhaupt etwas ist, übernatürlich, und unsere Worte werden nur Fakten ausdrücken; so wie in eine Teetasse eben nur eine Teetasse voll Wasser hineingeht, auch wenn ich's literweise darübergösse« (13).

Wittgenstein nennt drei Beispiele für das Gefühl absoluten Werts: das Staunen über die Existenz der Welt, das Gefühl der absoluten Sicherheit (»Mir kann nichts geschehen!«) und das Empfinden einer tiefen Schuld (»Gott mißbilligt mein Benehmen«). Freilich gehören solche Gefühle als faktische psychische Vorkommnisse in eine vollständige Weltbeschreibung. Doch in dieser Verwendung geht das Absolute an ihnen verloren, das sich nur zeigt, wenn man sie als Reaktionen auf etwas Übernatürliches – zum Beispiel als Sehen der Welt als Wunder – begreift. Das wiederum lässt sich *in* der Sprache gar nicht ausdrücken. Vielleicht ist man versucht, das Staunen über das Wunder der Weltexistenz als Staunen über das Wunder der Sprache zu deuten. Doch das ist eigentlich auch nur eine Äußerung der Sprachlosigkeit.

Absolutes als Unsinn

Was wir einsehen müssen, ist, dass das Ethische als Absolutes etwas wesentlich Unsinniges ist. So kann man zu der Einsicht gelangen, dass »diese unsinnigen Ausdrücke nicht deshalb unsinnig waren, weil ich die richtigen Ausdrücke noch nicht gefunden hatte, sondern daß ihre Unsinnigkeit ihr eigentliches Wesen ausmacht« (18). Wer das im absoluten Sinn Ethische, Ästhetische oder Religiöse ausdrücken will, spürt den Drang, »gegen die Grenzen der Sprache anzurennen«. Dieser Drang ist zwar aussichtslos, aber er bezeugt eine Tendenz des menschlichen Geists, den Wittgenstein nach eigenem Bekunden »nicht anders als hochachten kann und um keinen Preis lächerlich machen würde« (18 f.).

»Trotzdem rennen wir gegen die Grenze der Sprache an. Dieses Anrennen hat auch Kierkegaard gesehen und es sogar ganz ähnlich (als Anrennen gegen das Paradoxon) bezeichnet. Dieses Anrennen gegen die Grenze der Sprache ist die *Ethik*. Ich halte es für sicher wichtig, daß man all dem Geschwätz über Ethik – ob es eine Erkenntnis gebe, ob es Werte gebe, ob sich das Gute definieren lasse etc. – ein Ende macht. [...] Aber die Tendenz, das Anrennen, *deutet auf etwas hin*. Das hat schon der heilige Augustin gewußt, wenn er sagt: Was, du Mistviech, du willst keinen Unsinn reden? Rede nur einen Unsinn, es macht nichts!« (*Ludwig Wittgenstein und der Wiener Kreis*, S. 68 f.)

Ausgaben: »Bemerkungen über logische Form«, übers. von Joachim Schulte, in: Wittgenstein, *Vortrag über Ethik und andere kleine Schriften*, Frankfurt a. M.: Suhrkamp 1989, S. 20-28 (Erstveröffentlichung: »Some Remarks on Logical Form«, in: *Aristotelian Society Supplementary Volume* 9 (1929), S. 162-171). – »Vortrag über Ethik«, übers. von Joachim Schulte, in: Wittgenstein, *Vortrag über Ethik und andere kleine Schriften*, S. 9-19 (Erstveröffentlichung: »Wittgenstein's Lecture on Ethics«, hg. von Rush Rhees, in: *Philosophical Review* 74 (1965), S. 3-12).

Weiterführende Literatur: Marie McGinn, »Wittgenstein on Colour. From Logic to Grammar«, in: Annalisa Coliva/Eva Picardi (Hg.), *Wittgenstein Today*, Padua 2004, S. 101-119. – Rush Rhees, »Some Developments in Wittgenstein's View of Ethics«, in: Rhees, *Discussions of Wittgenstein*, London 1970, S. 94-103.

Philosophische Bemerkungen und *Ludwig Wittgenstein und der Wiener Kreis*

Die *Philosophischen Bemerkungen* sind eine im Frühjahr 1930 zusammengestellte und neu geordnete Auswahl aus den über 1 000 Manuskriptseiten, die Wittgenstein in dem Jahr seit der 1929 erfolgten Rückkehr nach Cambridge geschrieben hat. Viele neue Gedanken werden angedeutet, deren systematischer Stellenwert schwer zu erkennen ist, doch der Rahmen ist in vieler Hinsicht der gleiche wie in der *Logisch-philosophischen Abhandlung*. Der Bildbegriff beispielsweise spielt nach Vgl. S. 34

wie vor eine wichtige Rolle: »Wenn man die Sätze als Vorschriften auffaßt, um Modelle zu bilden, wird ihre Bildhaftigkeit noch deutlicher« (PhB, S. 57). Ein Unterschied gegenüber der früheren Auffassung liegt darin, dass es hier um Vorschriften für die konkrete Herstellung von plastischen, greifbaren Modellen geht; sowohl der konkrete als auch der praktisch-konstruktive Aspekt fehlen im Frühwerk und werden von nun an immer stärker betont.

Satzsystem

Ein anderer Gedanke, der in der *Abhandlung* nicht vorkommt, ist der des Satzsystems. In der *Abhandlung* wird zwar eine Form von Freges Kontextprinzip verkündet – »Nur der Satz hat Sinn; nur im Zusammenhange des Satzes hat ein Name Bedeutung« (LphA, 3.3) –, aber der Satz bleibt die maßgebliche sinntragende Einheit. In den *Philosophischen Bemerkungen* wird der relevante Kontext erweitert. Das Kontextprinzip wird wiederholt (»Ein Wort hat nur im Satzverband Bedeutung«), aber jetzt wird überdies die Frage aufgeworfen: »Was heißt es, einen Satz als *ein* Glied eines Systems von Sätzen zu verstehen?« (PhB, S. 59; vgl. WWK, S. 63-65 und 89). Eine mögliche Antwort ergibt sich im Rahmen des auch aus den *Philosophischen Untersuchungen* (§ 12) bekannten Vergleichs der Funktion von Sätzen mit der Funktion der verschiedenen Arten von Hebeln in einem Stellwerk (in den *Untersuchungen* ist es der Führerstand einer Lokomotive). Im Kontext dieses instrumentalistischen Bilds kann man sagen: »Der Sinn eines Satzes ist sein Zweck« (PhB, S. 60).

Sinnkriterium: Verifikation

Eine komplexere und durch die unmittelbare Wirkung auf den Wiener Kreis historisch wichtigere Antwort liegt in der folgenden Devise: »Wie ein Satz verifiziert wird, das sagt er. […] Die Verifikation ist nicht *ein* Anzeichen der Wahrheit, sondern *der* Sinn des Satzes« (PhB, S. 200; vgl. WWK, S. 47). Dass die Methode der Verifikation den Sinn des Satzes bestimme, wird vor allem in den Gesprächen mit Mitgliedern des Wiener Kreises mehrfach ausgesprochen. Dabei wird durch dieses Prinzip zum einen betont, dass der Sinn den Kontext methodologisch erschließbarer Verfahrensweisen voraussetzt, um als solcher erkannt zu werden. Zum anderen wird herausgestrichen, dass das Verstehen des Sinns ein Operieren mit Zeichen im Zusammenhang praktischer Tätigkeiten beinhaltet. Da Wittgensteins Konzeption in der Folge komplexere Züge annimmt, verliert die verifikationistische Devise schon bald ihre ausschlaggebende Rolle. Aber selbst in einer späten Bemerkung der *Philosophischen Untersuchungen* wird der Frage nach der Verifizierbarkeit zugebilligt, dass ihre Beantwortung einen »Beitrag zur Grammatik des Satzes« liefert (PhU, § 353).

Moritz Schlick, der Spiritus Rector des Wiener Kreises

Ein weiterer Grundsatz der Sinnhaftigkeit unserer Sätze spielt seit den *Philosophischen Bemerkungen* eine kritische Rolle in Wittgensteins Reflexionen, nämlich das Prinzip, wonach ein Satz nur dann Sinn hat, wenn auch seine Negation sinnvoll ist. Ein bevorzugter Anwendungsbereich dieses Prinzips sind Sätze über Empfindungen oder Sinnesdaten: »Von Sinnesdaten, in dem Sinne des Wortes, in dem es undenkbar ist, daß der Andere sie hat, kann man eben aus diesem Grunde auch nicht sagen, daß der Andere sie nicht hat. Und aus eben diesem Grund ist es sinnlos zu sagen, daß *ich*, im Gegensatz zum Anderen, sie *habe*« (PhB, S. 90).

Schmerzbegriff

Wittgensteins bevorzugtes Beispiel für Empfindungen sind Schmerzen, insbesondere Zahnschmerzen. Von diesem Beispiel ausgehend, wirft er mit immer neuen Variationen Fragen nach der Identität des Trägers der Schmerzen auf sowie nach der Identität der Schmerzen selbst: Was heißt es, einem Subjekt Schmerzen zuzuschreiben? Kann ich mir im gleichen Sinn Schmerzen zuschreiben wie einer anderen Person? Kann man in irgendeinem Sinn sagen, jemand habe die gleichen – oder womöglich: dieselben – Schmerzen wie ich selbst?

Im Zusammenhang solcher Fragen entwickelt Wittgenstein eine ganz eigene Art, komplizierte Probleme durch kurze, phantasievolle, mitunter absurd anmutende Geschichten in ein ungewohntes Licht zu rücken und damit neue Lösungsmöglichkeiten anzudeuten. Ein besonders prägnantes Beispiel ist folgende Bemerkung: »Der Begriff der Zahnschmerzen als eines Gefühlsdatums ist allerdings auf den Zahn des Anderen ebenso anwendbar wie auf den meinen, aber nur in dem Sinne, in dem es ganz wohl möglich wäre, in dem Zahn eines anderen Menschen Mund Schmerzen zu empfinden. In Einklang mit der gegenwärtigen Ausdrucksweise würde man aber diese Tatsache nicht durch die Worte ›ich fühle seinen Zahnschmerz‹ ausdrücken, sondern durch ›ich habe in seinem Zahn Schmerzen‹. – Man kann nun sagen: Freilich hast du nicht seinen Zahnschmerz, denn es ist auch dann sehr wohl möglich, daß er sagt ›ich fühle in diesem Zahn nichts‹. Und sollte ich in diesem Fall sagen ›du lügst, ich fühle, wie dein Zahn schmerzt‹?« (PhB, S. 92).

Eine manchmal verwirrende Besonderheit der Manuskripte von 1929 und zum Teil auch der *Philosophischen Bemerkungen* ist eine Unterscheidung zwischen dem, was Wittgenstein zu dieser Zeit das »erste System« der unmittelbaren Erfahrung nennt, und dem »zweiten System« der Physik. Dieser Unterscheidung entspricht die Betonung der Differenz zwischen »phänomenologischer« und »physikalischer« Sprache. Interessant und merkwürdig ist, dass Wittgenstein selbst den Begriff der Phänomenologie mit seinem allmählich an Bedeutung gewinnenden Begriff »Grammatik« in Verbindung bringt. (Im »Big Typescript« gibt es ein ganzes Kapitel mit der Überschrift »Phänomenologie«, und der erste Abschnitt dieses Kapitels heißt »Phänomenologie ist Grammatik«.)

Erstes und zweites System

Besonders eindringlich verdeutlicht Wittgenstein den Unterschied, auf den es ihm ankommt, am Beispiel des Bilds auf

> »Die Bedeutungen, in denen er die Wörter ›Raum‹ und ›Grammatik‹ gebraucht, sind eigentümlich und stehen in mehr oder weniger engem Zusammenhang. Nach seiner Meinung kann die Aussage ›Dies ist laut‹ keinen Sinn haben, wenn es sinnvoll ist, ›Dies ist rot‹ zu sagen. Es gebe einen ›Raum‹ der Farben und einen anderen ›Raum‹ der Klänge. [...] Grammatische Fehler ergeben sich aus der Verwechslung der ›Räume‹. [...] Seine Theorien sind bestimmt wichtig und gewiß sehr originell. Ob sie wahr sind, weiß ich nicht – ich hoffe inständig, daß sie's nicht sind, denn sie machen Mathematik und Logik unglaublich schwierig.« (Brief von Bertrand Russell an G. E. Moore, 5. 5. 1930; zit. n. Russell 1968, S. 199 f.)

dem Filmstreifen einerseits und dem Bild auf der Leinwand andererseits. Das Leinwandbild entspricht der unmittelbaren Erfahrung, das Bild auf dem Filmstreifen dem Bereich der Physik. Das Leinwandbild kennt weder ein Früher noch ein Später; es ist unabdingbar gegenwärtig, und daher ist die Behauptung seiner Gegenwärtigkeit sinnlos. Vom Bild auf dem Filmstreifen dagegen kann man durchaus sagen, dass es vor diesen und nach jenen Bildern komme; ebenso kann man sagen, man wisse nicht, was später komme, und dieses Nichtwissen mit einer sinnvollen Frage verbinden.

Leinwandbild und Filmstreifen

Ein einschneidender Wandel gegenüber der *Abhandlung* bahnt sich insofern an, als die Sprache jetzt zum »zweiten« System gerechnet wird: »Was ich Zeichen nenne, muß das sein, was man in der Grammatik Zeichen nennt; etwas auf dem Film, nicht auf der Leinwand. [...] Wir befinden uns mit unserer Sprache sozusagen nicht im Bereich des projizierten Bildes, sondern im Bereich des Films« (PhB, S. 98).

Ausgaben: *Philosophische Bemerkungen*, hg. von Rush Rhees (= WW 2; Erstveröffentlichung: Oxford: Blackwell 1964). – *Ludwig Wittgenstein und der Wiener Kreis. Gespräche* [1929-1932], *aufgezeichnet von Friedrich Waismann*, aus dem Nachlaß hg. von B. F. McGuinness (= WW 3; Erstveröffentlichung: Oxford: Blackwell 1967). Weiterführende Literatur: Peter Hacker, *Insight and Illusion*, 2. Aufl., Oxford 1987, Kapitel 4. – Merrill B. Hintikka/Jaakko Hintikka, *Untersuchungen zu Wittgenstein*, Frankfurt a. M. 1990, Kapitel 6 und 7.

»Big Typescript« und *Philosophische Grammatik*

Vgl. S. 35

Die von Wittgenstein selbst einfach als seine »Maschinschrift«, von seinen ersten Nachlassverwaltern als »Big Typescript« bezeichnete und unter diesem Namen inzwischen veröffentlichte Arbeit enthält auf 768 Seiten eine 1933 abgeschlossene Auswahl aus seinen zwischen 1929 und 1932 entstandenen Bemerkungen. Im Unterschied zu früheren und späteren Typoskripten enthält diese »Maschinschrift« Kapitel- und Abschnittsüberschriften (19 Kapitel mit 140 Abschnitten) sowie ein Inhaltsverzeichnis. Die *Philosophische Grammatik* ist eine Rekonstruktion etwas späterer Umarbeitungsversuche, die Wittgenstein in einem Exemplar des »Big Typescript«, in zwei großen Manuskriptbänden und auf losen Blättern vorgenommen hat. Zwischen dem II. Teil der *Philosophischen Grammatik* (»Über Logik und Mathematik«) und den entsprechenden Kapiteln des »Big Typescript« besteht kein Unterschied – Wittgenstein hat nicht versucht, dieses Material umzuarbeiten. Die Gliederung des I. Teils der *Philosophischen Grammatik* stammt vom Herausgeber. Ein besonders auffälliger Unterschied zwischen den beiden Publikationen besteht darin, dass drei komplette Kapitel (»Philosophie«, »Phänomenologie«, »Idealismus, etc.«) in der *Philosophischen Grammatik* fehlen.

Auch in diesen Schriften wird oft auf die Gedanken der *Logisch-philosophischen Abhandlung* Bezug genommen; die Äußerungen werden jedoch immer distanzierter. Die frühere Auffassung der Elementarsätze wird jetzt rundheraus für falsch und das dahinter stehende Konzept der Analyse für dogmatisch erklärt. Ein neuer Grundgedanke beginnt Gestalt anzunehmen – »Der Gebrauch des Satzes, das ist sein Sinn« (BT, S. 98) –, aber welche Rolle er spielen könnte, bleibt vor-

Gegen Dogmatismus

»An einer dogmatischen Darstellung kann man erstens aussetzen, daß sie gewissermaßen arrogant ist. Aber das ist noch nicht das Schlimmste. Viel gefährlicher ist ein anderer Irrtum, der auch mein ganzes Buch [die *Logisch-philosophische Abhandlung*] durchzieht, das ist die Auffassung, als gäbe es Fragen, auf die man später einmal eine Antwort finden werde. Man hat das Resultat zwar nicht, denkt aber, daß man den Weg habe, auf dem man es finden werde. [...] Die falsche Auffassung, gegen die ich mich in diesem Zusammenhang kehren möchte, ist die, daß wir auf etwas kommen könnten, was wir heute noch nicht sehen, daß wir etwas ganz Neues *finden* können. Das ist ein Irrtum. In Wahrheit haben wir schon alles, und zwar *gegenwärtig*, wir brauchen auf nichts zu warten. Wir bewegen uns im Bereich der Grammatik unserer gewöhnlichen Sprache, und diese Grammatik ist schon da. Wir haben also schon alles und brauchen nicht erst auf die Zukunft zu warten.« (*Ludwig Wittgenstein und der Wiener Kreis*, S. 182 f.)

erst im Vagen. Im Vordergrund stehen neben Problemen der Logik und der Mathematik Fragen des sprachlichen Sinns und des Verstehens der Sprache.

Grammatik

Zentral ist hier der Begriff der Grammatik, dem Wittgenstein eine Menge zutraut und zumutet: Die Bedeutung eines Worts ist sein Ort in der Grammatik; die Grammatik – »das sind die Geschäftsbücher der Sprache« (BT, S. 58); die Grammatik ist ein Kalkül (BT, S. 599); die grammatischen Regeln konstituieren die Bedeutung. An einer Stelle schreibt Wittgenstein: »Ich will immer zeigen, daß alles, was an der Logik ›business‹ ist, in der Grammatik gesagt werden muß« (BT, S. 526). Nicht zu verkennen ist, dass im Begriff der Grammatik viel vom Programm der *Abhandlung* steckt – allen Distanzierungsbemühungen zum Trotz. Dieser Begriff besagt, wie Wittgenstein es in einem späteren Manuskript formuliert, »Neues, dem doch die Eierschalen des Alten ankleben« (MS 129, S. 181). So schreibt Wittgenstein: »Was ein Satz ist, wird durch die Grammatik bestimmt. D. h., innerhalb der Grammatik. (Dahin zielte auch meine ›allgemeine Satzform‹ [vgl. LphA, 4.5, 6].)« (BT, S. 77). An anderer Stelle heißt es: »Zu sagen, daß der Satz ein Bild ist [LphA, 4.01, 4.021, 4.03 u. ö.], hebt gewisse Züge in der Grammatik des Wortes ›Satz‹ hervor« (BT, S. 83).

Häufig gebraucht Wittgenstein Formulierungen wie »die Grammatik des Worts ›rot‹« oder dergleichen, und in solchen Zusammenhängen bedeutet »Grammatik« nichts anderes als die Verwendungsregeln des betreffenden Worts. Nicht selten soll »Grammatik« jedoch Anspruchsvolleres besagen und auf das ganze System der Sprache oder das die ganze Sprache durchziehende Netz von Regeln hindeuten: »Das Wesen der Sprache aber ist ein Bild des Wesens der Welt, und die Philosophie als Verwalterin der Grammatik kann tatsächlich das Wesen der Welt erfassen, nur nicht in Sätzen der Sprache, sondern in Regeln für diese Sprache, die unsinnige Zeichenverbindungen ausschließen« (MS 108, S. 2). Etwas von der Art dieses anspruchsvolleren Begriffs scheint Wittgenstein im Blick zu haben, wenn er die *Autonomie* der Grammatik herausstreicht.

Autonomie der Grammatik

Der Gedanke der Autonomie bezieht sich auf drei Merkmale der Grammatik: Erstens ist die Grammatik an keinen außerhalb ihrer selbst liegenden Zweck gebunden; allenfalls könnte man geltend machen, ihr Zweck sei der gleiche wie der Zweck der Sprache – und damit wäre gar nichts Informatives gesagt. Zweitens ist die Grammatik weder in kausaler noch in sonstiger Hinsicht von der außersprachlichen Realität abhängig; die Grammatik ist, wie Wittgenstein es formuliert, keiner Wirklichkeit »Rechenschaft schuldig« (BT, S. 234; PhG, S. 184). Drittens sind die Regeln der Grammatik in einem bestimmten Sinn willkürlich oder konventionell, in dem das für Regeln anderer Art nicht gilt.

Um diesen Gesichtspunkt zu verdeutlichen, vergleicht Wittgenstein die Regeln der Grammatik mit den Regeln des Kochens, die man keinesfalls willkürlich nennen möchte, da das Kochen – im Gegensatz zum Gebrauch der Sprache – durch seinen Zweck definiert sei: »Darum ist der Gebrauch der Sprache in einem gewissen Sinne autonom, in dem das Kochen und Waschen es nicht ist. Denn wer sich beim Kochen nach anderen als den richtigen Regeln richtet, kocht schlecht; aber wer sich nach andern Regeln als denen des Schach richtet, spielt *ein anderes Spiel*, und wer sich nach andern grammatischen Regeln richtet als den und den, spricht darum nichts Falsches, sondern von etwas Anderem« (BT, S. 237; PhG, S. 184 f.).

Die Autonomie der Grammatik färbt auf die Philosophie ab. Die eigene philosophische Tätigkeit nennt Wittgenstein eine Untersuchung der Grammatik. Diese Untersuchung sei im gleichen Sinn fundamental, in dem »wir die Sprache fundamental – etwa ihr eigenes Fundament – nennen können« (BT, S. 412 f.). Das heißt, die Grammatik – und damit die Philosophie – ist auf keinen außerhalb ihrer selbst liegenden Bereich angewiesen: Sie ist ihr eigenes Fundament.

Die grammatische Untersuchung bedarf vor allem deshalb der philosophischen Orientierung, weil es »unserer« Grammatik – also den bisher vorliegenden grammatischen Erkenntnissen – an Übersichtlichkeit fehlt (BT, S. 417). »Übersichtlichkeit« ist ein methodologischer Grundbegriff des mittleren wie des späten Wittgenstein. Dieser Begriff wurzelt in einigen auf Goethes morphologische Überlegungen zurückgehenden Gedanken Spenglers. Eine übersichtliche Darstellung ist auf bestimmte Weise geordnet. Sie konstruiert zum Beispiel eine mögliche Entstehungsgeschichte eines Phänomens und verdeutlicht strukturelle Zusammenhänge durch die Angabe gefundener und erfundener Zwischenglieder (BT, S. 417; PhU, § 122).

Diese methodologische Überzeugung liegt der späten Bemerkung zugrunde, in der Philosophie dürften wir »Naturgeschichtliches für unsere Zwecke auch erdichten« (PhU II, S. 578). Außerdem inspiriert sie Wittgensteins Verfahren der Schilderung erfundener Sprachspiele, etwa des Sprachspiels der Bauenden (PhU, § 2) oder des »seelenlosen« Stamms, dessen Angehörigen wir Ausdrücke für Psychisches beibringen, obwohl wir ihnen keine Seele zusprechen (in den späten Manuskriptbemerkungen und Vorlesungen über die Philosophie der Psychologie).

Philosophie als deskriptives Verfahren

Um eine Übersicht über die grammatischen Verhältnisse zu vermitteln, verfährt die Philosophie wesentlich beschreibend, was – wie gesagt – nicht heißt, dass sie nur wirklich Gegebenes schildert. Dass sie deskriptiv vorgeht, bedeutet vor allem zweierlei: zum einen, dass sie die Sprache in keiner Weise antasten oder reformieren will; zum anderen, dass sie zu den Wissensgebieten, mit denen sie sich befasst, nichts Eigenes beizusteuern hat.

Philosophieren ist nach Wittgenstein »Arbeit an Einem selbst«. Es kommt nicht darauf an, eine »Schwierigkeit des Verstandes« zu überwinden, sondern eine Schwierigkeit »des Willens« (BT, S. 407 f.). Dennoch will die Philosophie weder die Sprache noch die Wissenschaft reformieren oder begründen. Ihre Hauptaufgabe ist die Aufklärung über jene »Fallen der Sprache«, die uns dazu veranlassen, philosophischen Unsinn zu reden: »Die Sprache hat für Alle die gleichen Fallen bereit; das ungeheure Netz gangbarer Irrwege. Und so sehen wir also Einen nach dem Andern die gleichen Wege gehen und wissen schon, wo er jetzt abbiegen wird, wo er geradaus fortgehen wird, ohne die Abzweigung zu bemerken, etc. etc.

Ich sollte also an allen Stellen, wo falsche Wege abzweigen, Tafeln aufstellen, die über die gefährlichen Punkte hinweghelfen« (BT, S. 423).

Das Vorhandensein bestimmter Wörter in unseren Sprachen erklärt auch, warum die Philosophen aller Zeiten von offenbar ähnlichen Problemen beunruhigt werden. Dies sind Wörter wie »sein«, »identisch« oder »möglich«, die uns immer wieder dazu verleiten, ihre Grammatik nach dem Muster anderer Verben oder Adjektive zu deuten und daher immer wieder in ähnliche Fallen zu tappen. Um hier Abhilfe zu schaffen, muss die Philosophie therapeutisch werden, und Wittgenstein selbst vergleicht ihre Aufgaben mit denen der Psychoanalyse. Das dieser Einstellung entsprechende Bild der Philosophie und der von ihr zu erwartenden Leistungen ist alles andere als heroisch: »Die Ergebnisse der Philosophie sind die Entdeckung irgend eines schlichten Unsinns und Beulen, die sich der Verstand beim Anrennen an die Grenze der Sprache geholt hat. Sie, die Beulen, lassen uns den Wert jener Entdeckung erkennen« (BT, S. 425; PhU, § 119).

Philosophische Therapie

Ausgaben: »Big Typescript«, zit. n. *Wittgenstein's Nachlass. Text and Facsimile. The Bergen Electronic Edition*, CD-ROM, Oxford 2000; ›*The Big Typescript*‹, hg. von Michael Nedo, Wien: Springer 2000 [Seitenangaben im Text beziehen sich auf das Original; diese Paginierung steht in der Springer-Ausgabe am Rand der Seite]. – *Philosophische Grammatik*, hg. von Rush Rhees (= WW 4; Erstveröffentlichung: Oxford: Blackwell 1969).

Weiterführende Literatur: Anthony Kenny, »From the Big Typescript to the *Philosophical Grammar*«, in: *Acta Philosophica Fennica. Essays on Wittgenstein in Honour of G. H. von Wright*, Amsterdam 1976, S. 41-53. – Wolfgang Kienzler, *Wittgensteins Wende zu seiner Spätphilosophie 1930-1932*, Frankfurt a. M. 1997. – Joachim Schulte, »Chor und Gesetz. Zur ›morphologischen Methode‹ bei Goethe und Wittgenstein«, in: Schulte, *Chor und Gesetz. Wittgenstein im Kontext*, Frankfurt a. M. 1990, S. 11-42.

Blaues Buch und *Braunes Buch*

Mehrmals versuchte Wittgenstein, die zwischen 1929 und 1932 auf Tausenden von Manuskriptseiten notierten Gedanken in übersichtlicher Form zusammenzustellen. Das »Big Typescript« ist, ebenso wie die Umarbeitung dieser Maschinenschrift, ein solcher Versuch. Das im akademischen Jahr 1933/34 einer Gruppe von Studenten diktierte und in kleiner Anzahl vervielfältigte *Blaue Buch* ist ein weiterer Ansatz. Es weist hier und da über die früheren Manuskripte hinaus und kann aufgrund der flüssigen, im Ton der gesprochenen Sprache gehaltenen Darstellung als geeignete Einführung in Wittgensteins Denken dieser Zeit benutzt werden. Dagegen ist das 1934/35 diktierte und im Herbst 1936 von Wittgenstein selbst zum größeren Teil übersetzte und unter dem Titel »Philosophische Untersuchungen« überarbeitete *Brown Book* (*Eine philosophische Betrachtung*) in inhaltlicher und formaler Hinsicht ein Experiment, das der Autor bald als gescheitert ansah und fallen ließ.

Vgl. S. 40 ff.

Die im *Blauen Buch* behandelten Themen sind vielfältig. Es geht um den Begriff der sprachlichen Bedeutung, um hinweisende Erklärungen, das Äußern von Empfindungen, die Privatheit unseres Erlebens und sprachlich bedingte philosophi-

Wittgenstein mit Francis Skinner, Cambridge 1935

sche Rätsel. Der aus den *Philosophischen Untersuchungen* bekannte Begriff der Familienähnlichkeit spielt eine gewisse Rolle, und einige Fragen des Regelfolgens werden angeschnitten. Der schon zur Zeit des »Big Typescript« benutzte Ausdruck »Kriterium« wird erörtert und dem Wort »Symptom« gegenübergestellt: Kriterien hängen mit der Definition oder einer sonstigen Bedeutungsbestimmung eines Begriffs zusammen, während Symptome Begleiterscheinungen der durch den betreffenden Begriff charakterisierten Sache sind. So ist das Vorhandensein eines bestimmten Bazillus ein Definitionsmerkmal und mithin ein Kriterium für Angina, während ein entzündeter Hals ein Symptom ist (BlB, S. 48; vgl. PhU, § 354).

Kriterien vs. Symptome

Besonders wichtig ist die Anwendung des Kriterienbegriffs im Zusammenhang mit der Identität der Dinge: Was wir als Identitätskriterium gelten lassen, ist oft maßgeblich für den relevanten Begriff und damit für unser Verständnis der Sachen. Ein einfaches Beispiel ist die Identität von Flüssen und Nebenflüssen. Hier gibt es, wie Wittgenstein schreibt (PhG, S. 203), eine Regel, der zufolge der Name desjenigen Flusses, in dessen Richtung das Wasser nach der Vereinigung weiterfließt, für den resultierenden Fluss verwendet wird, während der andere als Nebenfluss gilt. Eine solche Regel ist natürlich rein konventionell und reicht nicht in die Tiefen unseres Begriffsgerüsts.

Anders verhält es sich etwa im Fall des Begriffs »Person«, der auf äußerst komplizierte Weise mit zahllosen psychologischen, moralischen und rechtlichen Fragen zusammenhängt. Es gibt zwar weder logische noch physikalische Gründe, die uns dazu zwingen könnten, Dr. Jekyll und Mr. Hyde als *zwei* Personen oder als *eine* Person mit auseinandergehenden Verhaltensweisen anzusehen, aber das Nachdenken über dieses Beispiel und noch ausgefallenere Exempel wird uns helfen, Klarheit über die tatsächlich gebrauchten Identitätskriterien und deren relatives Gewicht zu gewinnen. Die Konstanz der Erinnerungen und die Kontinuität des Körpers in Raum und Zeit spielen faktisch gewiss eine bedeutende Rolle, aber die Erwägung von Sonderfällen oder Phantasiebeispielen zeigt rasch, dass keines dieser Kriterien ausnahmslose Geltung beanspruchen und den Gebrauch des Begriffs »Person« zur Gänze festlegen kann (BlB, S. 98 ff.).

Sprachspiele

Der schon in früheren Arbeiten benutzte Begriff des Sprachspiels wird im *Blauen Buch* thematisiert und erläutert: Sprachspiele sind demnach einfachere Praktiken als die realen Verwendungen der Alltagssprache. Mit solchen primitiven Gebrauchsweisen von Zeichen beginnt das Kind seine Muttersprache zu lernen. Die Betrachtung solcher Spiele kann uns helfen, Unklarheiten und undurchschaute Komplikationen zu vermeiden: »Wir sehen Tätigkeiten und Reaktionen, die klar und durchsichtig sind. Andrerseits erkennen wir in diesen einfachen Vorgängen Sprachformen, die von unseren komplizierten Sprachformen keineswegs durch einen Einschnitt getrennt sind. Wir sehen, daß wir die komplizierten Formen aus den primitiven zusammensetzen können, indem wir nach und nach neue Formen hinzufügen« (BlB, S. 37). Der im letzten Satz des Zitats angedeutete Gedanke scheint die Konzeption des *Braunen Buchs* zu tragen, denn dieses Diktat besteht im Wesentlichen aus durchnummerierten Sprachspielen samt Erläuterungen und Hinweisen, die leicht den Eindruck erwecken, als werde hier durch allmähliches Hinzufügen neuer Elemente die ganze Sprache aufgebaut.

Dieser Eindruck trügt, und an einer Stelle des *Braunen Buchs* legt Wittgenstein selbst dar, warum ein solches Vorgehen aussichtslos ist: »Wir betrachten aber die Sprachspiele nicht als die Fragmente eines Ganzen ›*der* Sprache‹, sondern als in sich geschlossene Systeme der Verständigung, als einfache, primitive Sprachen. Um diese Betrachtungsart im Auge zu behal-

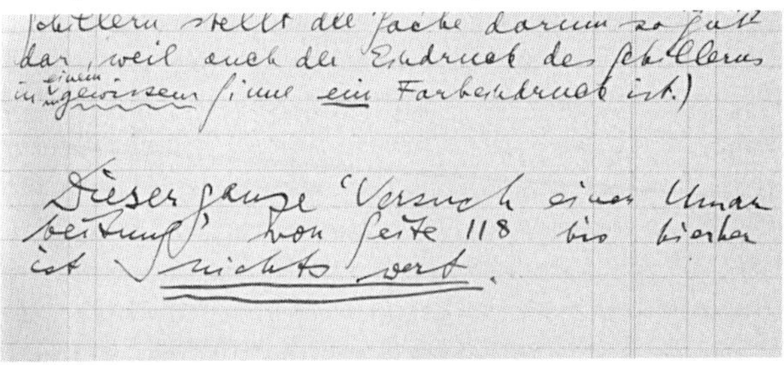
schildern stellt die Sache darum so falsch dar, weil auch der Eindruck des Schilderns in einem gewissen Sinne ein Farbeneindruck ist.)

Dieser ganze 'Versuch einer Umarbeitung' von Seite 118 bis hierher ist nichts wert.

Letzte Seite der Umarbeitung des *Brown Book*

ten, ist es oft nützlich, sich das Bild weiter auszumalen und sich einen primitiven Volksstamm vorzustellen, dessen gesamte Sprache in diesem Sprachspiel besteht« (BrB, S. 121). Diese enorm wichtige Einsicht, dass die Sprachspiele keine Teilstücke eines Sprachganzen bilden, beinhaltet die Konsequenz, dass ein Aufbau der Sprache auf der Grundlage zunehmend komplexer Sprachspiele ausgeschlossen ist: Sprachspiele sind keine Bausteine, sondern »*Vergleichsobjekte*, die durch Ähnlichkeit und Unähnlichkeit ein Licht in die Verhältnisse unsrer Sprache werfen sollen« (PhU, § 130).

Ausgaben: *Blaues Buch (Blue Book) – Braunes Buch* (*Brown Book*, dt. Fassung: *Eine philosophische Betrachtung*), übers. von Petra v. Morstein, hg. von Rush Rhees (= WW 5; Erstveröffentlichung: *Blue and Brown Books*, Oxford: Blackwell 1958).
Weiterführende Literatur: Gordon P. Baker, *Wittgenstein, Frege and the Vienna Circle*, Oxford 1988. – Morris Lazerowitz/Alice Ambrose, *Essays in the Unknown Wittgenstein*, New York 1984.

Späte Schriften

Philosophische Untersuchungen

Vgl. S. 44 An den *Philosophischen Untersuchungen* hat Wittgenstein, wie man vielleicht sagen darf, seit der Rückkehr nach Cambridge 1929 geschrieben. In einem engeren Sinn hat die Arbeit an dem Buch (mit Unterbrechungen) etwa zehn Jahre gedauert: von Herbst 1936 bis ungefähr 1946, als die letzte Fassung diktiert wurde. Der sogenannte Teil II beruht auf einem 1949 zusammengestellten Manuskript, das inhaltlich nicht direkt zu den *Philosophischen Untersuchungen*, sondern zu den späteren Bemerkungen über die Philosophie der Psychologie gehört.
Das Vorwort ist einer der am häufigsten und gründlichsten überarbeiteten Texte in Wittgensteins Œuvre. Dort werden einige der im Buch thematisierten Begriffe genannt: Bedeutung, Verstehen, Satz, Logik, Grundlagen der Mathematik und Bewusstseinszustände. Da formale Logik und Grundlagen der Mathematik in den *Philosophischen Untersuchungen* so gut wie gar nicht vorkommen, steht zu vermuten, dass Wittgenstein zur Zeit der Niederschrift des Vorworts (Januar

1945) plante, einen Teil der postum unter dem Titel *Bemerkungen über die Grundlagen der Mathematik* veröffentlichten Schriften oder ähnliches Material in die Endfassung der *Philosophischen Untersuchungen* einzubeziehen. Vielleicht schwebte ihm auch ein zweiter Band vor, der sich mit philosophischen Problemen der Logik und der Mathematik hätte befassen sollen.

Im Vorwort schreibt Wittgenstein, dass er mit dem Ergebnis seiner Arbeit unzufrieden ist: Er »hätte gerne ein gutes Buch hervorgebracht«, aber das sei ihm nicht gelungen. Er habe nichts Besseres schreiben können als philosophische *Bemerkungen*. Das wiederum hänge mit der Natur der Untersuchung selbst zusammen, die uns zwinge, »ein weites Gedankengebiet, kreuz und quer, nach allen Richtungen hin zu durchreisen«: »Die philosophischen Bemerkungen dieses Buches sind gleichsam eine Menge von Landschaftsskizzen, die auf diesen langen und verwickelten Fahrten entstanden sind.«

Skizzen philosophischer Landschaften

Die Hinweise des Vorworts sollte der Leser ebenso wenig außer Acht lassen wie das von Nestroy stammende Motto des Buchs: »Überhaupt hat der Fortschritt das an sich, daß er viel größer ausschaut als er wirklich ist.« Wahrscheinlich hat Wittgenstein beide naheliegenden Deutungen des Mottos im Sinn gehabt: Zum einen ist es Kritik an einer Zeit, die sich – auch auf geistigem Gebiet – viel auf Fortschritte zugute hält, die bei näherem Hinschauen gar nicht so groß sind. Zum anderen stellt er fest, dass es allen unverkennbaren Unterschieden zwischen der *Logisch-philosophischen Abhandlung* und den *Philosophischen Untersuchungen* zum Trotz keine Fortschritte gibt, auf die sich der Autor viel einbilden dürfte. Das mag man als Ausdruck der Bescheidenheit lesen; treffender ist vermutlich die Interpretation, dass Wittgenstein selbst das Gefühl hatte, sich nicht sehr weit von seinen Anfängen entfernt zu haben.

Aus Wittgensteins eigenem Hinweis, die *Philosophischen Untersuchungen* seien als eine Art Reisebericht zu lesen, ergibt sich eine fruchtbare Perspektive, denn oft lassen sich die – zumeist übrigens raffiniert zusammengestellten – Bemerkungen zu Abschnitten oder »Kapiteln« zusammenfassen und einer bestimmten Station zuordnen, zum Beispiel »Im Reich der Sprachspiele«, »Besuch bei den logischen Atomisten«, »Bei Lesern und Lesemaschinen«, »Ganz privat im öffentlichen Raum« usw. Mitunter sind die Reiseskizzen in Wittgensteins »Album« aber auch bunt gemischt, etwa in § 1, in dem es von Nordafrika auf die Bühne des absurden Theaters, vom 4. Jahrhundert in die Gegenwart geht: Der Abschnitt beginnt mit einem Zitat aus den *Bekenntnissen* des Augustinus und endet mit einer grotesk anmutenden Sprachspiel-Szene, in der jemand einkaufen geschickt wird und mit Hilfe eines äußerst umständlichen Verfahrens fünf rote Äpfel besorgt.

Augustinus schildert an der angesprochenen Stelle die Art und Weise, in der er die Anfangsgründe der Sprache gelernt zu haben glaubt. Wittgenstein benutzt diese Darstellung, um ein bestimmtes Bild der Sprache und ein daraus abgeleitetes Konzept vorzuführen: »Jedes Wort hat eine Bedeutung. Diese Bedeutung ist dem Wort zugeordnet. Sie ist der Gegenstand, für welchen das Wort steht.« Diese Auffassung dient den folgenden Ausführungen als Hintergrund, vor dem Wittgenstein eine Reihe von Gedanken entwickeln kann, bis der Anfang des Buchs in § 32 mit der folgenden kritischen Deutung verklammert wird: Augustinus beschreibe »das Lernen der menschlichen Sprache so, […] als könne das Kind schon *denken*, nur noch nicht sprechen. Und ›denken‹ hieße hier etwas wie: zu sich selber reden.«

Werkzeugkästen und Lokomotiven

An simplen Sprachspielen führt Wittgenstein vor, welche Vorgänge dem Augustinus-Bild entsprechen könnten und inwiefern das Bild unzulänglich ist. Vergleiche mit Werkzeugkästen und den verschiedenen Funktionen der gleich aussehenden Handgriffe im Führerstand einer Lokomotive deuten durch Gegenüberstellung an, dass eine allein oder hauptsächlich am Begriff des Bezeichnens orientierte Sprachauffassung zu kurz greift. Sie wird der Komplexität des Gebrauchs der Sprache nicht gerecht, denn die Sprache beginnt erst zu arbeiten, wenn im Sprachspiel effektive Züge ausgeführt werden, das heißt, wenn Sprecher und Hörer in bestimmten Kontexten mit beschreibbaren sprachlichen Mitteln Reaktionen auslösen und ihrerseits reagieren.

Wittgenstein im Sommer des Jahres 1936, in dem er mit der Arbeit an den *Philosophischen Untersuchungen* begann

Die Frage nach der Bedeutung sprachlicher Ausdrücke ist in vielfältiger Weise mit der Möglichkeit verknüpft, den Gebrauch dieser Ausdrücke zu lehren und zu lernen. Beim Lernen der Sprache spielen hinweisende Erklärungen eine besondere Rolle, bei denen durch Zeigen auf einen Gegenstand oder eine bestimmte Situation und gleichzeitiges Aussprechen eines Worts die Bedeutung dieses Ausdrucks erläutert werden soll. Aber die Benutzung solcher Erklärungen ist nie völlig gegen Missverständnisse gefeit. Wenn klar ist, an welchen »Platz« ein Wort gehört – ob es sich etwa um ein Farb- oder ein Zahlwort handelt –, hat man sich gegen viele, aber nicht gegen alle Missverständnisse abgesichert. »Man muß schon etwas wissen (oder können), um nach der Benennung fragen zu können. [...] Nach der Benennung fragt nur der sinnvoll, der schon etwas mit ihr anzufangen weiß« (§§ 30, 31). Mit anderen Worten: Nur wer zumindest die Grundzüge eines Sprachspiels kennt, kann wissen, an welchen »Platz« ein Wort gehört, und daher etwas mit hinweisenden Erklärungen anfangen.

Sprachliche Bedeutung als Gebrauch

Das häufig mit Wittgensteins Spätphilosophie in Verbindung gebrachte Schlagwort »Die Bedeutung eines Worts ist sein Gebrauch« findet sich in uneingeschränkter Form nicht in den *Philosophischen Untersuchungen*. Dennoch gibt es viele Anhaltspunkte für die Richtigkeit dieser Zuschreibung. Man darf aber nicht vergessen, dass es ein *Schlagwort* ist, also weder die Anfangsgründe einer Bedeutungstheorie umreißt noch eine wirklich präzise Bestimmung seines Gehalts zulässt. In negativer Hinsicht dient es der Kritik an Theorien, die beispielsweise nach dem Muster des Augustinus-Bilds eine allein auf der Bezeichnungsfunktion sprachlicher Ausdrücke basierende Semantik aufbauen wollen. Positiv gesehen deutet es an, dass man Fragen der sprachlichen Bedeutung mit Hilfe der Beschreibung von Sprachspielen – also wirklichen oder fiktiven Fällen der Wortverwendung – in den Griff bekommen kann.

Eine in den *Untersuchungen* immer wieder besuchte Station trägt den Namen »Beim Verfasser der *Logisch-philosophischen Abhandlung*« (vgl. zum Beispiel §§ 23, 46, 97, 114). Es ist aber nicht ratsam, die am Frühwerk geübte Kritik allzu genau zu nehmen, denn obwohl viele Bemerkungen mit Sicherheit von der *Abhandlung* inspiriert sind, geht es Wittgenstein in den *Untersuchungen* meistens um sehr viel allgemeinere und häufig primitivere Gedanken als jene, die man bei fairer Interpretation dem Verfasser der *Abhandlung* unterstellen darf.

Das gilt sowohl für den Komplex der oft dem Kapitel »Philosophie« zugeschlagenen §§ 89-108 (»Inwiefern ist die Logik etwas Sublimes?«) als auch für die Auseinandersetzung mit Vgl. S. 65 dem logischen Atomismus. Dabei geht es um die Urelemente als von »eigentlichen« Namen bezeichnete Gegenstände (§ 46) und das in den §§ 60-64 vorgeführte Konzept der Analyse. § 46 setzt bei einem Platon-Zitat an und schließt mit der Behauptung, die dort gekennzeichneten Urelemente seien von der gleichen Art wie die entsprechenden einfachen Gegenstände bei Russell und in der *Abhandlung*. Die darauf folgenden Bemerkungen zeigen, wie der Gedanke des einfachen Gegenstands durch Schilderung eines Sprachspiels mit zusammengesetzten farbigen Quadraten expliziert werden kann.

Die Tendenz dieser Erläuterungen ist durchaus kritisch, doch zugleich benutzt Wittgenstein den sich anbietenden Kontext, um einige seiner neuen Überlegungen zu entfalten. Beispiele sind seine Erörterung der Rolle von Mustern und Paradigmen, die als Mittel der Darstellung – man denke etwa

Muster und Paradigmen

an Farbmuster – beim Lehren und Erklären sprachlicher Ausdrücke eine wichtige Funktion haben, oder die vieldiskutierte Nebenbemerkung über das Urmeter: »Man kann von *einem* Ding nicht aussagen, es sei 1 m lang, noch, es sei nicht 1 m lang, und das ist das Urmeter in Paris. – Damit haben wir aber diesem natürlich nicht irgend eine merkwürdige Eigenschaft zugeschrieben, sondern nur seine eigenartige Rolle im Spiel des Messens mit dem Metermaß gekennzeichnet« (§ 50).

Viele Philosophen, die das Wesen einer Sache, zum Beispiel der Sprache, angeben wollen, suchen nach einer allen einschlägigen Phänomenen gemeinsamen Eigenschaft. Eine derartige Suche hält Wittgenstein im Fall der Sprache für müßig. Hier gebe es zwar zahlreiche Verwandtschaften zwischen den Sprachspielen, aber keine durchgängige Gemeinsamkeit. Diese Sachlage erklärt er am Exempel des Begriffs »Spiel«. Wer die verschiedenen Spiele – »Brettspiele, Kartenspiele, Ballspiele, Kampfspiele usw.« – aufmerksam betrachte, werde »zwar nicht etwas sehen, was *allen* gemeinsam wäre«, wohl aber »Ähnlichkeiten, Verwandtschaften, [...] und zwar eine ganze Reihe« (§ 66).

Familienähnlichkeiten

Diese Verwandtschaften nennt Wittgenstein *Familienähnlichkeiten*, »denn so übergreifen und kreuzen sich die verschiedenen Ähnlichkeiten, die zwischen den Gliedern einer Familie bestehen: Wuchs, Gesichtszüge, Augenfarbe, Gang, Temperament, etc. etc. – Und ich werde sagen: die ›Spiele‹ bilden eine Familie«. Ein solcher in Familienähnlichkeiten wurzelnder Begriff kann, wie Wittgenstein mit Hilfe einer Metapher erläutert, überraschend haltbar sein. Hier verhält es sich nämlich wie beim Spinnen eines Fadens durch Zusammendrehen verschiedener Fäden, denn »die Stärke des Fadens liegt nicht darin, daß irgend eine Faser durch seine ganze Länge läuft, sondern darin, daß viele Fasern einander übergreifen« (§ 67).

Der Hinweis auf Familienähnlichkeiten erinnert daran, dass nicht alles, was »Sprache« genannt oder zu den Phänomenen der Sprache gerechnet wird, über einen Kamm geschoren werden darf (§ 108). Sprachliche Phänomene – Sprachspiele, grammatisch unterscheidbare Zeichenkomplexe, mündliche oder schriftliche Äußerungen – können verschiedenartig sein und dennoch aus triftigen Gründen zusammengruppiert werden. Von Sprache reden wir nur dort, wo es Regelmäßigkeiten des Verhaltens und des Gebrauchs von Äußerungen gibt. Solche Regelmäßigkeiten kann man aufzeigen und durch Wiederholung eigener Äußerungen vormachen. Erklärung und Unterricht anhand von Beispielen sind unersetzlich.

Die Möglichkeit von Missverständnissen ist kein Einwand: Das Exemplifizieren ist kein »*indirektes* Mittel der Erklärung, – in Ermangelung eines Bessern. Denn, mißverstanden kann auch jede allgemeine Erklärung werden. *So* [wie im Beispiel] spielen wir eben das Spiel« (§ 71, vgl. § 28 Z). Regelmäßigkeit im (Sprach-)Verhalten ist eine Voraussetzung für das Vorhandensein und die Erklärbarkeit von Sprache (vgl. §§ 207 f.), und Sprache gibt es nur, wenn ihre Sprecher – die Teilnehmer

Regelfolgen

an Sprachspielen – Regeln folgen. Das wiederum heißt weder, dass die Sprecher irgendwelche Regeln explizit gelernt haben oder auf Befragen angeben können, noch dass die Sprache und ihr Gebrauch in jeder Hinsicht durch Regeln bestimmt sind: »[...] es gibt ja auch keine Regel dafür z. B., wie hoch man im Tennis den Ball werfen darf, oder wie stark, aber Tennis ist doch ein Spiel und es hat auch Regeln« (§ 68).

Aber inwiefern *bestimmt* die Regel ihre Befolgung, zum Beispiel den (richtigen) Gebrauch der Sprache? Diese Frage erörtert Wittgenstein zunächst am Fall eines eigensinnigen Schülers, der den Befehl »+ 2!« zwar bis zur Zahl 1000 genauso befolgt wie wir, die Reihe anschließend jedoch in dieser Form: »1004, 1008, 1012 ...« fortsetzt und allen unseren Korrekturbemühungen zum Trotz an der Antwort festhält, er fahre so fort wie bisher und tue genau das, was man ihm aufgetragen habe (§ 185).

Dieses und ähnliche Beispiele benutzt Wittgenstein, um mehrere philosophische Reaktionen auf die damit angeschnittene Problematik zu schildern und in ihrer Unzulänglichkeit bloßzustellen: Weder Intuitionen noch das Meinen oder Intendieren helfen uns aus der Verlegenheit. Es gibt keine »über-starre Verbindung« (§ 197) zwischen dem Akt der Absicht und dem

Beabsichtigten, zwischen dem Meinen des der Regel gemäßen Schritts und seiner Ausführung.

So kommt Wittgensteins Dialogpartner, sein »Gegner« oder Alter Ego, dem viele der anschließend demontierten, entkräfteten und mitunter verspotteten Ansichten in den Mund gelegt werden, auf folgende Idee: Angesichts all dieser abgeschmetterten Versuche, die Bestimmtheit des Regelfolgens zu untermauern, müsse man sich notgedrungen mit der Feststellung abfinden, jedes beliebige Tun lasse sich mit der Regel in Einklang bringen. Denn stets könne man eine Regeldeutung ausfindig machen, der zufolge die Handlung mit der Regel übereinstimme.

»Was in der Luft hängt«

Aber Deutungen bringen uns hier nicht weiter – sie untermauern nichts, können das Faktum des Regelfolgens aber auch nicht aus der Welt schaffen. Denn »jede Deutung hängt, mitsamt dem Gedeuteten, in der Luft; sie kann ihm nicht als Stütze dienen. Die Deutungen allein bestimmen die Bedeu-

»In Wittgensteins *Philosophischen Untersuchungen* habe ich nichts Interessantes entdecken können, und ich begreife nicht, wie es kommt, daß eine ganze Denkschule Weisheit in den Seiten dieses Buchs findet. Psychologisch gesehen ist das verwunderlich. Der frühe Wittgenstein, den ich aus nächster Nähe kannte, war dem intensiven Denken leidenschaftlich hingegeben und hatte ein tiefes Bewußtsein von schwierigen Problemen, deren Wichtigkeit auch ich – ebenso wie er – spürte. Außerdem besaß er wahre philosophische Genialität (jedenfalls kam es mir so vor). Der späte Wittgenstein hingegen scheint des ernsthaften Denkens müde geworden zu sein und eine Lehre ersonnen zu haben, die ernsthaftes Denken überflüssig machen würde. Daß diese Lehre mit der daraus resultierenden Denkfaulheit womöglich wahr ist, halte ich für völlig ausgeschlossen. Ich bin mir allerdings im klaren darüber, daß ich ein extrem starkes Vorurteil dagegen habe, denn falls sie wahr ist, dann ist die Philosophie bestenfalls ein unbeträchtliches Hilfsmittel für Lexikographen und schlimmstenfalls ein müßiges Unterhaltungsspiel am Teetisch.« (Bertrand Russell, *My Philosophical Development*, S. 216 f.)

tung nicht« (§ 198). Das »Paradox« des Regelfolgens – die durch entsprechende Deutungen ermöglichte Vereinbarkeit jeder Handlungsweise mit der Regel wie auch mit deren Gegenteil – beruht auf einem »Mißverständnis« (§ 201), nämlich der mangelnden Einsicht in die praxis- und gemeinschaftsgebundenen Aspekte des Regelfolgens.

Keine Regel ohne Praxis; keine Praxis ohne soziale Einbettung: »Es kann nicht ein einziges Mal nur ein Mensch einer Regel gefolgt sein. Es kann nicht, ein einziges Mal nur, eine Mitteilung gemacht, ein Befehl gegeben, oder verstanden worden sein, etc. – Einer Regel folgen, eine Mitteilung machen, einen Befehl geben, eine Schachpartie spielen sind *Gepflogenheiten* (Gebräuche, Institutionen). – Einen Satz verstehen, heißt, eine Sprache verstehen. Eine Sprache verstehen, heißt eine Technik beherrschen« (§ 199).

Diese Gedanken resümieren zwar gewiss keine »transzendentale Deduktion der Sprachgemeinschaft« oder dergleichen, aber sie weisen einen gangbaren Weg zur Vermeidung von »Paradoxien« der angedeuteten Art. Dass es eine *Praxis* gibt und dass unser Tun im Rahmen dieser Praxis das Beherrschen einer *Technik* involviert, heißt auch, dass es unabhängige Korrekturinstanzen gibt (notabene: »unabhängig« bedeutet weder »unfehlbar« noch »immer eindeutige Urteile liefernd«): »Darum ist ›der Regel folgen‹ eine Praxis. Und der Regel zu folgen *glauben* ist nicht: der Regel folgen. Und darum kann man nicht der Regel ›privatim‹ folgen, weil sonst der Regel zu folgen glauben dasselbe wäre wie der Regel folgen« (§ 202).

Privates im öffentlichen Raum

Der in diesem Zitat benutzte Begriff des Privaten prägt einen großen Teil von Wittgensteins Reflexionen über Fragen der Philosophie des Geistes. Dadurch erhalten diese Gedanken eine gegenüber herkömmlichen Erörterungen solcher Probleme neuartige Ausrichtung, denn die verschiedenen Bedeutungsnuancen von »privat« (wie in »Privatbesitz«, »Privatsphäre«, »Privatstudien« usw.) verweisen auf andere Aspekte und andere Kontraste als etwa das traditionelle Gegensatzpaar Innen/Außen. Vor allem setzt das Private stets eine *Öffentlichkeit* voraus, der das Private entzogen, vorenthalten oder unzugänglich gemacht werden soll.

In diesem Zusammenhang stellt Wittgenstein die Frage, ob etwa eine private Sprache denkbar sei, das heißt eine Sprache, deren Wörter sich in solcher Weise auf die »unmittelbaren, privaten, Empfindungen« einer Person beziehen, dass sie von anderen nicht verstanden werden können (§ 243). Diese Fragestellung hat auch deshalb so viel Aufmerksamkeit erregt, weil eine Vielzahl traditioneller und zeitgenössischer Auffassungen des menschlichen Bewusstseins und des Spracherwerbs so rekonstruiert werden können, dass sie die Möglichkeit von so etwas wie einer privaten Sprache voraussetzen.

Wittgenstein behandelt dieses Problem, um eine Vielfalt von Missverständnissen aufzuklären: Was soll es überhaupt heißen, die eigenen Empfindungen »privat« zu nennen? Nun, eine mögliche Antwort wäre die Behauptung, dass nur ich selbst über das Vorhandensein meiner Empfindungen wirklich Bescheid wisse. Andere, »außenstehende« Personen könnten darüber nur Vermutungen anstellen. Diese Antwort, meint Wittgenstein, ist in einer Hinsicht falsch, in einer anderen unsinnig. Denn zum einen können andere oft sehr wohl *wissen*, ob ich Schmerzen habe, fröhlich bin usw.; zum anderen kann man von mir eigentlich gar nicht sagen, ich *wisse* dergleichen. Schmerzen *habe* ich einfach, fröhlich *bin* ich nun mal. Da ich weder bezweifeln noch herausfinden kann, ob ich Schmerzen habe, hat es auch keinen Sinn, hier von einem Wissen zu reden (§ 246).

Was privat ist, muss auch öffentlich sein können. Wenn ich von *meinen* Schmerzen im Gegensatz zu deinen rede und jene als privat hinstelle, setze ich die Möglichkeit der Verwechslung oder des Besitzerwechsels voraus. Diese Annahme ist jedoch unsinnig, denn es kann kein geeignetes Kriterium der Identität für meine Empfindungen geben, mit dessen Hilfe ich sie von den Empfindungen anderer Personen unterscheiden könnte (§ 253). Hier hat uns die Sprache zum Besten, von der die bestehenden Asymmetrien zwischen der ersten Person und den übrigen grammatischen Formen kaschiert werden.

Asymmetrien

Die nach Wittgenstein richtige und fruchtbare Sicht der Dinge setzt bei der Erkenntnis an, dass es für Empfindungen einen natürlichen Ausdruck gibt, der durch sprachliche Formulierungen in erster Linie nicht beschrieben, sondern *ersetzt* wird. Das heißt, wir sollten sprachliche Äußerungen über eigene Schmerzen etwa nicht als Beschreibungen des Seelenlebens, sondern zunächst einmal als Fortsetzung oder erlernte Form des Schmerzbenehmens ansehen (§ 244). Wenn man diese Verbindung zwischen sprachlichen Empfindungsäußerungen und dem natürlichen Benehmen durchschneiden wollte, könnten Zweifel auftauchen, die in unserer wirklichen Sprachverwendung keinen Ansatzpunkt finden. Aber: »Wenn ich das normale Sprachspiel mit dem Ausdruck der Empfindung abgeschafft denke, brauche ich nun ein Kriterium der Identität für sie; und dann bestünde auch die Möglichkeit des Irrtums« (§ 288).

Empfindungsäußerungen

Das Nachdenken über diese Möglichkeit zeigt, wie wichtig es ist, die Existenz des normalen Sprachspiels und das Fehlen eines solchen Kriteriums der Identität in Betracht zu ziehen. Generell dürfen wir uns nicht durch sprachliche Formen in die Irre führen lassen. So dürfen wir zum Beispiel nicht glauben, Substantive für Empfindungen müssten in ähnlicher Form etwas bezeichnen, wie Ausdrücke für materielle Gegenstände Dinge in Raum und Zeit benennen (vgl. § 293).

Wittgensteins Bemerkungen über Empfindungswörter und die Unmöglichkeit einer privaten Sprache, über Gefühle, Absichten und den Willen haben im Rahmen der »analytischen« Philosophie des Geistes jahrzehntelang den Ton angegeben und werden auch heute noch oft zitiert. Dabei hat man zunächst gern übersehen, dass sich diese Bemerkungen eigentlich in keine Tradition einordnen lassen. Sie fügen sich keinem der üblichen Schemata (Cartesianismus kontra Anticartesianismus, Behaviorismus kontra Mentalismus oder dergleichen) und lassen beliebte Fragestellungen (»Wie hältst du's mit dem Leib-Seele-Problem?«) einfach nicht zu.

Der Grund liegt in Wittgensteins mitunter scharfer und dennoch häufig verkannter Kritik an diesen Schemata und Fragestellungen. Besonders radikal ist die folgende Bemerkung mit ihren Zweifeln an der Brauchbarkeit der Begriffe »psychischer Vorgang« und »psychischer Zustand«. Sollten Wittgensteins Zweifel berechtigt sein, wäre einem Teil der neueren Philo-

»Wenn ich von mir selbst sage, ich wisse nur vom eigenen Fall, was das Wort ›Schmerz‹ bedeutet, – muß ich das nicht auch von den Andern sagen? Und wie kann ich denn den *einen* Fall in so unverantwortlicher Weise verallgemeinern?
Nun, ein Jeder sagt es mir von sich, er wisse nur von sich selbst, was Schmerzen seien! — Angenommen, es hätte Jeder eine Schachtel, darin wäre etwas, was wir ›Käfer‹ nennen. Niemand kann je in die Schachtel des Andern schaun; und Jeder sagt, er wisse nur vom Anblick *seines* Käfers, was ein Käfer ist. – Da könnte es ja sein, daß Jeder ein anderes Ding in seiner Schachtel hätte. Ja, man könnte sich vorstellen, daß sich ein solches Ding fortwährend veränderte. – Aber wenn nun das Wort ›Käfer‹ dieser Leute doch einen Gebrauch hätte? – So wäre er nicht der der Bezeichnung eines Dings. Das Ding in der Schachtel gehört überhaupt nicht zum Sprachspiel; auch nicht einmal als ein *Etwas*: denn die Schachtel könnte auch leer sein. – Nein, durch dieses Ding in der Schachtel kann ›gekürzt werden‹; es hebt sich weg, was immer es ist.
Das heißt: Wenn man die Grammatik des Ausdrucks der Empfindung nach dem Muster von ›Gegenstand und Bezeichnung‹ konstruiert, dann fällt der Gegenstand als irrelevant aus der Betrachtung heraus.« (Wittgenstein, *Philosophische Untersuchungen*, § 293)

sophie des Geistes der Boden entzogen. Er schreibt: »Wie kommt es nur zum philosophischen Problem der seelischen Vorgänge und Zustände und des Behaviourism? — Der erste Schritt ist der ganz unauffällige. Wir reden von Vorgängen und Zuständen, und lassen ihre Natur unentschieden! Wir werden vielleicht einmal mehr über sie wissen – meinen wir. Aber eben dadurch haben wir uns auf eine bestimmte Betrachtungsweise festgelegt. Denn wir haben einen bestimmten Begriff davon, was es heißt: einen Vorgang näher kennen zu lernen. (Der entscheidende Schritt im Taschenspielerkunststück ist getan, und gerade er schien uns unschuldig.) – Und nun zerfällt der Vergleich, der uns unsere Gedanken hätte begreiflich machen sollen. Wir müssen also den noch unverstandenen Prozeß im noch unerforschten Medium leug-

Taschenspielerkunststücke

nen. Und so scheinen wir also die geistigen Vorgänge geleugnet zu haben. Und wollen sie doch natürlich nicht leugnen!« (§ 308).

Ausgaben: *Philosophische Untersuchungen,* hg. von G. E. M. Anscombe und Rush Rhees, in: WW 1, S. 225-580; Kritisch-genetische Edition, hg. von Joachim Schulte in Zusammenarbeit mit Heikki Nyman, Eike v. Savigny und Georg Henrik von Wright, Frankfurt a. M.: Suhrkamp 2001; Neuausgabe (ohne »Teil II«) auf der Grundlage der Kritisch-genetischen Edition, hg. von Joachim Schulte, Frankfurt a. M.: Suhrkamp 2003.

Weiterführende Literatur: John McDowell, »Issues in Wittgenstein«, in: McDowell, *Mind, Value, and Reality*, Cambridge (Mass.) 1998, S. 219-321. – David G. Stern, *Wittgenstein's Philosophical Investigations. An Introduction*, Cambridge 2004. – Crispin Wright, *Rails to Infinity. Essays on Themes from Wittgenstein's »Philosophical Investigations«*, Cambridge (Mass.) 2001. – Georg Henrik von Wright, »Die Entstehung und Gestaltung der ›Philosophischen Untersuchungen‹«, in: von Wright, *Wittgenstein*, Frankfurt a. M. 1986, S. 117-143.

Bemerkungen über die Grundlagen der Mathematik

Ein Gebiet, auf dem Wittgensteins radikale Zweifel ihm schon früh das Misstrauen der Wahrer des konventionell praktizierten Philosophierens eingetragen haben, ist die Philosophie der Mathematik und der formalen Logik. Eine der wenigen Stellen der *Philosophischen Untersuchungen*, an denen Wittgenstein solche Fragen anspricht, ist der § 352, in dem der Satz vom ausgeschlossenen Dritten erörtert und für fragwürdig befunden wird. Diese und manche andere Stelle lässt

Intuitionismus

an den Intuitionismus L. E. J. Brouwers und seiner Schule denken. Aber an den die besonderen Kräfte der menschlichen Anschauung betonenden Grundgedanken dieser Richtung hat Wittgenstein ebenso scharfe Kritik geübt wie an den Vorstellungen ihrer platonistischen oder logizistischen Gegenspieler. (Zum Platonismus vgl. auch den § 218 der *Philosophischen Untersuchungen* über die »bis ins Unendliche gelegten Geleise«.)

Fragen der Mathematik und der Logik hat Wittgenstein einen erstaunlich großen Teil seiner Schriften (und Vorlesungen) gewidmet. Beinahe die Hälfte der zwischen 1929 und dem Beginn der Arbeit an den *Philosophischen Untersuchungen* entstandenen Schriften beschäftigt sich mit Themen wie: Widerspruchsfreiheit, Beweis, Unendlichkeit, logisches Schließen und dergleichen. Zwischen dem Herbst 1937 und dem Frühsommer 1944 setzt sich Wittgenstein in seinen Manuskripten fast ausschließlich mit derartigen Fragen auseinander, auf die er in den verbleibenden Jahren seines Lebens allerdings nicht mehr zurückkommt.

Man darf nicht glauben, für Wittgenstein habe es eine klare Trennung zwischen seinen Reflexionen über mathematische Fragen und seinen übrigen philosophischen Gedanken gegeben. In vielen Manuskripten gehen mathematikbezogene Bemerkungen und solche über Sprache oder seelische Vorgänge kunterbunt durcheinander. Die Gedanken über das Regelfolgen, die wir aus den *Untersuchungen* kennen, sind aus Überlegungen zum Regelfolgen in der Mathematik hervorgegangen. Die Forderung nach Übersichtlichkeit der Darstellung (PhU, § 122) korrespondiert mit der Feststellung, dass unübersichtliche Beweise in einem gewissen Sinn überhaupt keine Beweise sind (BGM III, § 43).

»Buntheit« der Mathematik

Der Verschiedenartigkeit unserer Sprachspiele entspricht die von Wittgenstein betonte »Buntheit« der Mathematik. Sie sei »ein BUNTES *Gemisch* von Beweistechniken«, eine »Familie von Tätigkeiten zu einer Familie von Zwecken« (BGM III, §§ 48, 46; V, § 15). Immer wieder fesselt Wittgenstein »die Härte des logischen Muß«, die »Unerbittlichkeit« der Logik. Hier scheint sich eine Kluft aufzutun zwischen logischen oder mathematischen Sätzen einerseits und den Sätzen der Erfahrung andererseits.

Der Frage nach der Existenz einer solchen Kluft geht Wittgenstein mit Hilfe immer neuer Vergleiche nach. Was ist der Unterschied zwischen dem Ausgang einer Rechnung und dem Ausgang eines Experiments? Worin liegt der Unterschied zwischen dem Suchen in der Mathematik und einer Polarexpedition? (BT, S. 615 ff.) Sind die Sätze der Mathematik letzten Endes nicht doch Sätze der Anthropologie? Diese Fragen ließen Wittgenstein nicht los; in seinen letzten Aufzeich-

»Wittgenstein lernte ich 1942 kennen, und wir hatten Umgang miteinander, bis er starb. Wir verbrachten viel Zeit miteinander, um uns über Grundlagenfragen der Mathematik zu unterhalten, und das zu einer Zeit, da ich ausschließlich die übliche ›Schundliteratur‹ studiert hatte. Jetzt, da ich dieses Buch [*Bemerkungen über die Grundlagen der Mathematik*] lese, merke ich, daß die damals besprochenen Themen weit vom Zentrum seines Interesses entfernt waren, obwohl er es mich nie hat ahnen lassen. [...] Die Lektüre des vorliegenden Buchs hat mir keine Freude gemacht. Natürlich weiß ich nicht, was ich vor fünfzehn Jahren darüber gedacht hätte. Jetzt kommt es mir vor wie ein erstaunlich unbedeutendes Produkt eines sprühenden Geistes.« (Georg Kreisel, Rezension von Wittgensteins *Bemerkungen über die Grundlagen der Mathematik*, S. 157 f.)

nungen (*Über Gewißheit*) beschäftigten sie ihn in abgewandelter Form, denn nun kamen ihm generelle Zweifel an der Möglichkeit, *Arten von Sätzen* so auseinander zu halten, dass sich Kategorien wie »Erfahrungssatz«, »logischer [notwendig wahrer] Satz« überhaupt in nützlicher Form charakterisieren lassen.

Die Buntheit der Mathematik zeigt sich gerade dann, wenn man die Zahlen in ihrer Reinheit zu erfassen sucht. Denn dieses Bemühen legt ganz besondere Vergleiche nahe, die sogleich Zweifel an ebendieser Reinheit wecken: »Die Arithmetik als die Naturgeschichte (Mineralogie) der Zahlen. *Wer* spricht aber so von ihr? Unser ganzes Denken ist von dieser Idee durchsetzt. – Die Zahlen sind Gestalten (ich meine nicht die Zahlzeichen) und die Arithmetik teilt uns die Eigenschaften dieser Gestalten mit. Aber die Schwierigkeit ist da, daß diese Eigenschaften der Gestalten *Möglichkeiten* sind; nicht die gestaltlichen Eigenschaften der Dinge solcher Gestalt. Und diese Möglichkeiten wieder entpuppen sich als physikalische, oder psychologische, Möglichkeiten (der Zerlegung, Zusammensetzung, etc.). Die Gestalten aber spielen nur die Rolle der Bilder, die man so und so verwendet. Nicht Eigenschaften von Gestalten ist es, was wir geben, sondern Transformationen von Gestalten, als irgendwelche Paradigmen auf-

Naturgeschichte der Zahlen

gestellt. – Wir beurteilen nicht die Bilder, sondern mittels der Bilder. Wir erforschen sie nicht, sondern mittels ihrer etwas anderes« (BGM IV, §§ 11 f.).

Das Problem, warum uns die Mathematik mal als »Naturgeschichte des Zahlenreiches« erscheint und mal als eine »Sammlung von Regeln« (BGM IV, § 13), bleibt vertrackt, denn was damit thematisiert wird, sind ebenjene Grenzen zwischen den Disziplinen, auf die man sich sonst so gern beruft, um derart beunruhigende Fragen auf Distanz zu halten. Immer wieder betont Wittgenstein die kreative Seite der Mathematik: Wer einen bisher unbekannten Beweis führt, schafft eine neue Form, einen neuen Begriff. Auch darum ist der Mathematiker »ein Erfinder, kein Entdecker« (BGM I, § 168). Dennoch drängt sich stets das Bild der völlig unabhängigen, vom Menschen losgelösten Mathematik auf.

Doch es ist die *Anwendung* des Kalküls, die sich sozusagen von selbst ergeben und insofern unabhängig sein muss. In der *Logisch-philosophischen Abhandlung* (5.473) hatte Wittgenstein gesagt: »Die Logik muß für sich selber sorgen.« Darauf anspielend, schreibt er nun: »Die *Anwendung* der Rechnung muß für sich selber sorgen. Und das ist, was am ›Formalismus‹ richtig ist. […] Die Rechnung sorgt für ihre eigene Anwendung« (BGM III, § 4). Vielleicht ist es gerade dieses das Paradoxe streifende Spannungsverhältnis zwischen mathematischer Kreativität und Unabhängigkeit der Kalkülanwendung, das die Mathematik in ihrer ganzen Buntheit trägt. Und das heißt nichts anderes, als dass sie sich selbst trägt, also auf keiner außerhalb ihrer selbst liegenden Grundlage ruht: »Wozu braucht die Mathematik eine Grundlegung?! Sie braucht sie, glaube ich, ebenso wenig, wie die Sätze, die von physikalischen Gegenständen – oder die, welche von Sinneseindrücken handeln, eine *Analyse*. Wohl aber bedürfen die mathematischen, sowie jene andern Sätze, eine Klarlegung ihrer Grammatik. – Die mathematischen Probleme der sogenannten Grundlagen liegen für uns der Mathematik so wenig zu Grunde, wie der gemalte Fels die gemalte Burg trägt« (BGM VII, § 16).

Gemalte Burg auf gemaltem Fels

Angesichts solcher Bemerkungen fragt man sich, mit welcher

Begründung die Herausgeber den Titel »Bemerkungen über die *Grundlagen* der Mathematik« gewählt haben.

Ausgaben: *Bemerkungen über die Grundlagen der Mathematik*, revidierte und erweiterte Ausgabe, hg. von G. E. M. Anscombe und G. H. von Wright (= WW 6; Erstveröffentlichung dieser Ausgabe Frankfurt a. M.: Suhrkamp 1974; 1. Aufl., Oxford: Blackwell 1956).
Weiterführende Literatur: Pasquale Frascolla, *Wittgenstein's Philosophy of Mathematics*, London 1994. – Matthieu Marion, *Wittgenstein, Finitism, and the Foundations of Mathematics*, Oxford 1998. – Felix Mühlhölzer, »Wittgenstein and Surprises in Mathematics«, in: Rudolf Haller/Klaus Puhl (Hg.), *Wittgenstein und die Zukunft der Philosophie. Eine Neubewertung nach 50 Jahren*, Wien 2002, S. 306-315.

Philosophie der Psychologie

Wittgensteins letzte Vorlesungen in Cambridge handelten von Themen aus dem Bereich der Philosophie der Psychologie. Viele Anregungen bezog er aus der klassischen Schrift über die Prinzipien der Psychologie von William James und aus gestaltpsychologischen Arbeiten, zum Beispiel von Wolfgang Köhler. Mit diesem Problembereich beschäftigte er sich auch während der von Ende 1947 bis Frühsommer 1949 in Irland verbrachten Zeit. Das Ergebnis seiner Arbeit waren rund 2 000 große Manuskriptseiten, zwei umfangreiche Typoskripte und eine immerhin teilweise geordnete Auswahl aus diesem Material, die als »Teil II« der *Philosophischen Untersuchungen* schon bald nach Wittgensteins Tod veröffentlicht wurde.

Vgl. S. 51

An mehreren Stellen dieser Manuskripte unternimmt Wittgenstein Versuche, die psychologischen Begriffe in systematischer Form zu klassifizieren und die so gewonnenen Unterscheidungen durch Angabe von Kriterien zu stützen. Ein grundlegender Unterschied besteht zwischen Verwendungen psychologischer Verben in der 1. Person Singular Präsens und den übrigen grammatischen Formen (Wittgenstein betont ebenso wie viele Philosophen nach ihm die Asymmetrie zwischen 1. und 3. Person). In der 1. Person dienen solche Verwendungen der *Äußerung* – beispielsweise von Schmerzen

Äußerungen und Beschreibungen

und sonstigen Empfindungen –, in der 3. Person werden sie zur *Beschreibung* benutzt, das heißt, um zu berichten, wie sich andere Menschen fühlen.

Sinnesempfindungen, zum Beispiel Gesichts- oder Gehörwahrnehmungen, zeichnen sich dadurch aus, dass sie »echte Dauer« haben: Man kann angeben, wann sie anfangen und aufhören. Die Empfindungen lassen sich außerdem danach einteilen, ob sie einen Ort am Körper haben. Sehen und Hören haben keinen Ort, Temperatur-, Druck- und Geschmacksempfindungen hingegen haben einen Ort (BPhPs II, § 63). Visuelle oder akustische Vorstellungen sind zwar keine Halluzinationen, aber sie belehren uns nicht über die Außenwelt. Sie unterstehen dem Willen und sind daher grundverschieden von Bildern, mit denen sie sonst gern verglichen werden.

Solche und ähnliche Klassifizierungsansätze spielen zwar eine gewisse Rolle in den Aufzeichnungen dieser Zeit, aber Wittgenstein war nie mit ihnen zufrieden. Die Unterscheidungen, die ihn interessierten, betrafen eher die »Sprachlogik« oder »Grammatik« psychologischer Ausdrücke als den phänomenologischen Aspekt. Daher stößt man immer wieder auf Bemerkungen wie diese: »Der Dolch, den Macbeth vor sich sieht, ist kein vorgestellter Dolch. Eine Vorstellung kann man nicht für Wirklichkeit halten, noch Gesehenes für Vorgestelltes; aber nicht, weil sie einander so unähnlich sind« (BPhPs II, § 85). Ein weiterer Grund für die Folgenlosigkeit der Klassifizierungsversuche liegt darin, dass die psychologischen Begriffe nicht zu wissenschaftlichen Zwecken erdacht wurden, sondern der Alltagssprache angehören. Daher verhalten sie sich zu »denen der strengen Wissenschaften wie die Begriffe der wissenschaftlichen Medizin zu denen von alten Weibern, die sich mit der Krankenpflege abgeben« (BPhPs II, § 62).

Aspektsehen

Immer wieder kommt Wittgenstein in diesen Bemerkungen auf Probleme der Aspektwahrnehmung zu sprechen. Ein bekanntes Beispiel ist der Hasen-Enten-Kopf, eine schematische Zeichnung, die man, je nachdem, als Kopf eines

Hasen oder einer Ente sehen kann. Die Überlegungen zum »Etwas-als-...-Sehen«, die Wittgenstein an die Betrachtung dieser Figur anknüpft, sind in verschiedener Hinsicht von Bedeutung. Zum einen benutzt er dieses Beispiel, um zu zeigen, wie schwer es ist, die naheliegende Unterscheidung zwischen einem gleichbleibenden Seherlebnis und wechselnden Deutungen dieses Erlebnisses durchzuhalten. Zum anderen zeigt sich, dass von »Erlebnis« im relevanten Sinn überhaupt nur in sonderbaren, von der Standardwahrnehmung abweichenden Fällen geredet werden kann. Diese Ausdrucksweise passt zwar zu den Beispielen des Als-etwas-Sehens, aber nicht zum normalen Sehen.

Seherlebnis und Deutung

Außerdem lässt sich an derartigen Beispielen vorzüglich demonstrieren, dass sich die Innenperspektive – die introspektive Betrachtungsweise – nicht in begrifflicher Münze auszahlt. Es stellt sich heraus, dass wir über eine ganze Reihe sprachlicher oder gestischer Mittel verfügen, um das Besondere an Erlebnissen des Typs der Aspektwahrnehmung zum Ausdruck zu bringen. Und diese Ausdrucksformen sind es, die uns Aufschluss über unsere Erlebnisbegriffe geben können.

Von größter Wichtigkeit sind in diesem Kontext die primitiven, instinktiven Reaktionen, zu denen wir neigen. Derart spontane Äußerungen haben etwas Ursprüngliches und sind insofern fundamental, doch das Repertoire solcher Reaktionen muss nicht auf den vorsprachlichen Bereich beschränkt

> »Der Instinkt ist das Erste, das Raisonnement das Zweite. Gründe gibt es erst in einem Sprachspiel.« (Wittgenstein, *Bemerkungen über die Philosophie der Psychologie*, Bd. II, § 689)

sein: »Was ist die primitive Reaktion, mit der das Sprachspiel anfängt? – die dann in diese Worte umgesetzt werden kann. Wie kommt es, daß Menschen diese Worte gebrauchen? Die primitive Reaktion konnte ein Blick, eine Gebärde sein, aber auch ein Wort« (PhU II, S. 559).

Die engen Verbindungen zwischen sprachlichen und gestischen Äußerungen, zwischen unmittelbarer – sei's sprachlicher oder nichtsprachlicher – Reaktion und nuancierter Beschreibung verdeutlicht Wittgenstein an einem Gedankenexperiment: Wir sollen uns Leute ausmalen, die insofern für Aspekte blind sind, als ihnen das Erlebnis des Wechsels, des Umschlagens, abgeht. Solche Personen können zwar erkennen, dass die bekannte Figur sowohl einen Hasen als auch eine Ente darstellen kann, aber sie kennen das Umschlagen des einen Aspekts in den anderen nicht und verfügen dementsprechend über keine Möglichkeit der spontanen Äußerung oder der differenzierten Beschreibung des Erlebnisses eines solchen Wechsels. Diesen Leuten fehlt in einer Hinsicht sehr wenig – sie können allen normalen Tätigkeiten genauso nachgehen wie wir –, in anderer Hinsicht jedoch sehr viel, denn sie können gewisse menschliche Äußerungsformen weder verstehen noch charakterisieren. Große Bereiche der Kunst zum Beispiel wären ihnen verschlossen.

Aspektblindheit

»Denk nur an die Worte, die Liebende zu einander sprechen! Sie sind mit Gefühlen ›geladen‹. Und sie sind gewiß nicht – wie Fachausdrücke – durch beliebige andere Laute auf eine Vereinbarung hin zu ersetzen. Ist das nicht, weil sie *Gebärden* sind? Und eine Gebärde muß nicht angeboren sein; sie ist anerzogen, aber eben *assimiliert*. – Aber ist das nicht Mythus?! – Nein. Denn die Merkmale der Assimilation sind eben, daß ich *dies* Wort gebrauchen und lieber keines, als ein aufgedrungenes verwenden will, und ähnliche Reaktionen.
Ein Wort ist uns z. B. der Träger eines *Tons* geworden; und wir können nicht, auf Befehl, ein anderes Wort im selben gefühlten Ton aussprechen.« (Wittgenstein, *Letzte Schriften über die Philosophie der Psychologie*, § 712 f.)

Diese Überlegungen dienen unter anderem dem Hinweis auf die Zusammenhänge zwischen natürlichen Reaktionen, praktischen Fähigkeiten, erlernten Techniken und dem Verständnis komplizierter Begriffe. Wittgenstein konstatiert die Verwandtschaft zwischen Aspektblindheit und dem Mangel des »musikalischen Gehörs«. Wichtig seien die Fragen des Aspektsehens vor allem deshalb, weil sie mit dem »Erleben der

Bedeutung eines Worts« zusammenhängen, also etwa mit der Fähigkeit, das Wort »sondern« kontextunabhängig mal als Verb und mal als Konjunktion zu meinen.

Dass diese Gedanken im Bereich ästhetischer Fragen eine Rolle spielen können, liegt auf der Hand. Wittgenstein denkt hier aber wohl auch an einen weiteren Aspekt der Sache: Es ist nämlich nicht nur so, dass die nuancierteren – und raffiniertere Techniken voraussetzenden – Äußerungen des Menschen auf instinktiven, primitiven Reaktionen beruhen. Dieses Instinktive, Primitive wäre seinerseits nicht, was es ist, wenn es seinen Ort nicht im Kontext einer Gemeinschaft hätte, in der alles Bedeutsame eine Bedeutung hat. Auch darum ist eine Trennung zwischen bloßer Wahrnehmung und gedanklicher Prägung dieser Wahrnehmung nicht möglich, denn es ist »gerade eine *Bedeutung*, die ich sehe« (BPhPs I, § 869).

Wittgensteins Aufzeichnungen aus der zweiten Hälfte der vierziger Jahre enthalten neben Erörterungen unserer psychologischen Begriffe Bemerkungen, in denen er Züge des für seine Philosophie charakteristischen Menschenbilds in offenbar ganz prägnanter, bei näherem Hinsehen aber doch wieder nach Kontext verlangender Weise artikuliert: »Meine Einstellung zu ihm ist eine Einstellung zur Seele. Ich habe nicht die *Meinung*, daß er eine Seele hat. [...] Wenn sich uns das Bild vom Gedanken im Kopf aufdrängen kann, warum dann nicht noch viel mehr das vom Gedanken in der Seele? Der menschliche Körper ist das beste Bild der menschlichen Seele« (PhU II, iv, S. 495 f.; vgl. LS I, § 324; BPhPs I, §§ 279 und 281).

Einstellung zur Seele

Auch über seine Methode äußert sich Wittgenstein hier in besonders erhellender Weise. Nachdem er den Unterschied zwischen einer naturwissenschaftlichen oder naturkundlichen Untersuchung einerseits und einer philosophischen oder grammatischen Untersuchung andererseits betont hat, führt er aus: »Ich sage nicht: Wären die und die Naturtatsachen anders, so hätten die Menschen andere Begriffe (im Sinne einer Hypothese). Sondern: Wer glaubt, gewisse Begriffe seien schlechtweg die richtigen, wer andere hätte, sähe eben etwas nicht ein, was wir einsehen, – der möge sich gewisse sehr allgemeine Naturtatsachen anders vorstellen, als wir sie gewohnt sind, und andere Begriffsbildungen als die gewohnten werden ihm verständlich werden« (PhU II, xii, S. 578; vgl. BPhPs I, § 643).

Ausgaben: *Bemerkungen über die Philosophie der Psychologie*, Bd. I, hg. von G. E. M. Anscombe und G. H. von Wright, in: WW 7, S. 7-215 (Erstveröffentlichung: Oxford: Blackwell 1980). – *Bemerkungen über die Philosophie der Psychologie*, Bd. II, hg. von G. H. von Wright und H. Nyman, in: WW 7, S. 217-346 (Erstveröffentlichung: Oxford: Blackwell 1980). – *Letzte Schriften über die Philosophie der Psychologie* (I), hg. von G. H. von Wright und H. Nyman, in: WW 7, S. 347-488 (Erstveröffentlichung: Oxford: Blackwell 1982). – *Letzte Schriften über die Philosophie der Psychologie* (II). *Das Innere und das Äußere. 1949-1951*, hg. von G. H. von Wright und H. Nyman, Frankfurt a. M.: Suhrkamp 1993 (Erstveröffentlichung: Oxford: Blackwell 1992).
Weiterführende Literatur: Malcolm Budd, *Wittgenstein's Philosophy of Psychology*, London 1989. – Joachim Schulte, *Erlebnis und Ausdruck. Wittgensteins Philosophie der Psychologie*, München 1987.

Bemerkungen über die Farben und *Über Gewißheit*

Angeregt durch seine Lektüre von Goethes Farbenlehre, notierte Wittgenstein in seinen letzten Manuskripten eine Reihe von Bemerkungen über Farben. Diese Überlegungen gelten Begriffen wie »Sättigung«, »Reinheit«, »Glanz«, »Durchsichtigkeit der Farbe«; er reflektiert über den Gegensatz zwischen Stoff- und Oberflächenfarbe, die Möglichkeit einer »Harmonielehre der Farben« und das Phänomen der Farbenblindheit. Diese Überlegungen veranlassen ihn zu der Bemerkung, hier sei »die Versuchung sehr groß, an eine Phänomenologie, ein Mittelding zwischen Wissenschaft und Logik, zu glauben« (ÜF II, § 3). Außerdem stellt er fest, dass es schwer fällt, klar zwischen »Logik und Erfahrung (Empirie)« (ÜF III, § 4) zu unterscheiden: »Sätze werden oft an der Grenze von Logik und Empirie gebraucht, so daß ihr Sinn über die Grenze hin und her wechselt und sie bald als Ausdruck einer Norm, bald als Ausdruck einer Erfahrung gelten« (ÜF I, § 32).

Vgl. S. 53

Die Schwierigkeit einer Unterscheidung zwischen dem Logi-

Logik und Empirie

schen und dem Empirischen durchzieht Wittgensteins letzte Notizbücher, in denen es vor allem um Fragen der Gewissheit geht. Den Ausgangspunkt dieser Bemerkungen bilden Aufsätze von G. E. Moore, in denen im Gegensatz zur cartesianischen, auf skeptische Gedanken zurückgreifenden Tradition geltend gemacht wird, es gebe eine große Anzahl von Erfahrungssätzen, von denen man mit absoluter Sicherheit sagen könne, dass sie wahr seien. Wenn ich zum Beispiel meine Hand ausstrecke und sage: »Dies ist eine Hand«, so verbiete sich jeder Zweifel an dieser Behauptung. Ähnliches gelte für Sätze wie »Die Erde existiert seit vielen Jahren«, »Ich bin ein Mensch«, »Es gibt eine Außenwelt« und dergleichen mehr.

Diese Sätze, nach deren Vorbild Wittgenstein noch viele weitere bildet, sind nicht so unproblematisch, wie es zunächst erscheinen mag. Wenn man, wie Wittgenstein, der Ansicht ist, dass Ausdrücke nur dann Bedeutung haben, wenn man Sprachspiele angeben kann, in denen sie sinnvoll gebraucht werden können, stellt sich unverzüglich die Frage, in welchen Kontexten Sätze à la Moore Verwendung finden. Dabei stellt sich alsbald heraus, dass jene Sprachspiele, in denen ein sinnvoller Gebrauch derartiger Sätze denkbar erscheint, diesen Sätzen die Gewissheit nehmen. Denn wo man »Dies ist eine Hand« problemlos äußern kann, handelt es sich wahrscheinlich um einen Kontext, in dem sich der gemeinte Gegenstand auch als etwas anderes entpuppen kann, zum Beispiel als eine Prothese. Oder es ist ein Kontext, in dem man erläutert, was das Wort »Hand« bedeutet – und da redet man (in erster Linie) nicht über eine Hand, sondern über ein Wort (und das, worauf man zeigt, braucht gar keine Hand zu sein – ein Bild genügt). Jedenfalls erweist es sich rasch, dass man von einem Satz, bei dem jeder Zweifel ausgeschlossen ist, weil ein Zweifel unverständlich wäre, nicht ohne weiteres sagen kann, er stehe mit Gewissheit fest.

An einer zentralen Stelle dieser letzten Reflexionen macht Wittgenstein eine Reihe von Bemerkungen über unser »Weltbild«: ein System von Überzeugungen, eine Mischung aus trivialen Selbstverständlichkeiten, quasi wissenschaftlichen Fundamentalsätzen und sonstigen Gemeinplätzen. Dieses

Weltbild als Mythologie

Weltbild bezeichnet Wittgenstein als »Mythologie«, und dieser Vergleich beinhaltet eine ganze Reihe von Einsichten, die Wittgenstein in *Über Gewißheit* mehr oder weniger ausführlich darlegt: Das Weltbild formt, wie eine Mythologie, ein System, dessen Grundelemente zusammenhängen und nicht ohne weiteres durch andere ersetzt werden können. Ferner hat unser Weltbild, wie ein mythologisches System, eine praxisgebundene Seite: Es ist kein Hypothesengebäude, sondern gründet in unserem Tun, in eingefleischten Handlungsweisen, Gebräuchen und Gepflogenheiten. Das Weltbild beruht nicht darauf, »daß uns gewisse Sätze unmittelbar als wahr einleuchten«, sondern ausschlaggebend ist »unser *Handeln*, welches am Grunde des Sprachspiels liegt« (ÜG, § 204). In diesem Sinn zitiert Wittgenstein Fausts »Im Anfang war die Tat« (ÜG, § 402).

Im Grunde beruht unser Weltbild, wie eine Mythologie, auf gar nichts. Gerade unsere besonders unerschütterlichen Überzeugungen – »Dies ist ein Stück Brot«, »Ich habe in der vorigen Nacht geschlafen«, »Ich liege im Bett« usw. – entbehren jeglicher Grundlage. Niemand hat sie bewiesen. Wer wollte sie auch beweisen? – wo doch keiner so recht weiß, wie man sie falsifizieren könnte, ohne jeden Halt zu verlieren. Derartige Sätze sind Facetten eines Systems, das wir, wie den religiösen Kinderglauben, einfach geschluckt haben, indem wir die Sprache und die elementarsten Formen des Umgangs mit der Welt und unseren Mitmenschen gelernt haben.

Beim ersten, oft impliziten Unterricht werden uns keine abstrakten Regeln, sondern »*Urteile* beigebracht und ihr Zusammenhang mit andern Urteilen«: »Wenn wir anfangen, etwas zu *glauben*, so nicht einen einzelnen Satz, sondern ein ganzes System von Sätzen. (Das Licht geht nach und nach über das Ganze auf.) – Nicht einzelne Axiome leuchten mir ein, sondern ein System, worin sich Folgen und Prämissen *gegenseitig* stützen« (ÜG, §§ 140-142).

Weltbilder können – wie mythologische Systeme – miteinander konkurrieren, ohne einander auszuschließen. Ein Weltbild gehört zu einer Lebensform und deren Praktiken. Es ist in die Lebensform eingebettet und leitet daraus seine Gewissheit ab: Bestimmte Zweifel ergeben sich einfach nicht. Diese Art der Gewissheit ist verträglich mit der Existenz völlig andersartiger Weltbilder, deren Vertreter sich der eigenen Sache nicht weniger sicher sind als wir der unseren.

Dennoch kann es vorkommen, dass Weltbilder, wenn sie aufeinander prallen, unvereinbar sind und zu Auseinandersetzungen führen, bei denen »jeder den Andern für einen Narren und Ketzer« erklärt (ÜG, § 611). Mit Gründen wäre in einer solchen Situation nicht viel zu erreichen – etwas ausrichten kann hier nur eine Art Bekehrung: »Am Ende der Gründe steht die *Überredung*. (Denke daran, was geschieht, wenn Missionäre die Eingeborenen bekehren.)« (ÜG, § 612).

Angeln, um die sich alles dreht

Die Sätze, in denen sich unser Weltbild ausdrückt, werden von Wittgenstein mit den Angeln verglichen, in denen sich die Türen und Fenster unseres Erkenntnisgebäudes drehen: »[...] die Fragen, die wir stellen, und unsre *Zweifel* beruhen darauf, daß gewisse Sätze vom Zweifel ausgenommen sind, gleichsam die Angeln, in welchen jene sich bewegen. – [...] es gehört zur Logik unsrer wissenschaftlichen Untersuchungen, daß Gewisses *in der Tat* nicht angezweifelt wird. – [...] Wenn ich will, daß die Tür sich drehe, müssen die Angeln feststehen« (ÜG, §§ 341-343).

Von Wittgenstein entworfener Türöffner

Alle diese Vergleiche und Metaphern zeigen, dass es im Bereich der ultimativen Gewissheitsfragen nicht gelingen will, Logik und Empirie säuberlich zu trennen. Man könnte es zwar mit der Formulierung probieren: Die logische Struktur des Weltbilds werde von Urteilen, das heißt empirischen Sätzen, getragen oder ausgefüllt. Aber damit ist auch wieder nur gesagt, dass manche Sätze von der Form empirischer Sätze (vgl. ÜG, §§ 401 f.) die Rolle (quasi) logischer Sätze spielen.

Gesteigert wird diese Schwierigkeit des Versuchs, die philosophischen Basisbegriffe auseinander zu halten, durch das Oszillieren zwischen zwei grundverschiedenen Bildern von der letzten Instanz unserer Gewissheit: Auf der einen Seite steht das Bild von dem auf sicheren Fundamenten ruhenden Haus unseres Wissens, auf der anderen Seite das Bild vom System der unser Weltbild ausdrückenden Sätze, denen

Eine Tür im Haus in der Kundmanngasse

durch ihre Kohärenz Halt gegeben wird, ohne äußere Garanten in Anspruch zu nehmen. Diesen Kontrast zwischen den maßgeblichen Metaphern will Wittgenstein nicht auflösen; im Gegenteil, er verschärft ihn in der folgenden Bemerkung, die zu den frappierendsten seines gesamten Werks gehört: »Ich bin auf dem Boden meiner Überzeugungen angelangt. Und von dieser Grundmauer könnte man beinahe sagen, sie werde vom ganzen Haus getragen« (ÜG, § 248).

Ende der Erklärungen

Gleich im ersten Paragraphen der *Philosophischen Untersuchungen* steht der Satz: »Die Erklärungen haben irgendwo ein Ende.« Und an einer anderen zentralen Stelle des Buchs schreibt Wittgenstein apropos einer Wissensfrage: »Wenn das heißt ›Habe ich Gründe?‹, so ist die Antwort: die Gründe werden mir bald ausgehen. Und ich werde dann, ohne Gründe, handeln« (PhU, § 211). Nicht viel anders, womöglich noch ein wenig radikaler notiert er in seinen letzten Aufzeichnungen über den Abschluss unserer Begründungen: »[...] das Ende ist nicht die unbegründete Voraussetzung, sondern die unbegründete Handlungsweise« (ÜG, § 110).

Ausgaben: *Bemerkungen über die Farben*, hg. von G. E. M. Anscombe, in: WW 8, S. 7-112 (Erstveröffentlichung: Oxford: Blackwell 1977). – *Über Gewißheit*, hg. von G. E. M. Anscombe und G. H. von Wright, in: WW 8, S. 113-257 (Erstveröffentlichung: Oxford: Blackwell 1974).
Weiterführende Literatur: Norman Malcolm, »Certainty«, in: Malcolm, *Nothing is Hidden*, Oxford 1986, S. 201-241. – Danièle Moyal-Sharrock/William H. Brenner (Hg.), *Readings of Wittgenstein's On Certainty*, Houndmills 2005. – Josef G. F. Rothhaupt, *Farbthemen in Wittgensteins Gesamtnachlaß*, Weinheim 1996.

Wirkung

Die einzigen philosophischen Schriften, die Wittgenstein zu Lebzeiten veröffentlicht hat, sind – außer einer ganz frühen Rezension – die *Logisch-philosophische Abhandlung* (*Tractatus logico-philosophicus*) und der vom Autor unverzüglich verworfene Artikel über logische Form (1929). Vom *Blauen Buch* wurden immerhin einige Exemplare offiziell vervielfältigt und manchen Studenten und Freunden zugänglich gemacht. Angesichts dieser Situation ist es erstaunlich, wie früh die Rezeption von Wittgensteins Gedanken begann und wie bekannt ihr Urheber schon als relativ junger Mann war.
Im Bereich der akademischen Philosophie sind die Reaktionen auf Wittgenstein inzwischen so vielfältig und so verstreut, dass die Rezeptionsgeschichte für keinen Einzelnen auch nur annähernd zu überschauen ist. Hier kann allenfalls ein skizzenhafter Überblick gegeben werden, um eine ungefähre Vorstellung vom Wirken Wittgensteins zu vermitteln. Auf die mitunter überraschende Resonanz, die Wittgensteins Denken in Fächern wie Soziologie, Literaturwissenschaft, Jurisprudenz oder Theologie gefunden hat, kann an dieser Stelle nur summarisch hingewiesen werden.

Frühe Rezeption: Russell, Ramsey, Wiener Kreis

Die Wittgenstein-Rezeption beginnt mit Bertrand Russell. Die Diskussionen mit dem Studenten Wittgenstein haben den älteren, berühmten und erfolgreichen Mann stark beeinflusst. Ein gewisser Widerstand gegen die radikaleren, die Grenzen von Russells eigenem Denken sprengenden Ideen des Jüngeren ist jedoch von Anfang an spürbar und wird später immer stärker. Schon ehe die *Logisch-philosophische Abhandlung* erscheint, merkt Russell in zwei Arbeiten an, dass er von Wittgensteins Erkenntnissen profitiert habe. In den 1918 und 1919 veröffentlichten Artikeln über den Logischen Atomismus schreibt er sogar, es gehe großenteils um die Erläuterung von Gedanken, die er von seinem »Freund und ehemaligen Studenten Ludwig Wittgenstein« übernommen habe: »Seit August 1914 habe ich keine Gelegenheit gehabt, mich

Logischer Atomismus

über seine Ansichten zu informieren, ja ich weiß nicht einmal, ob er lebt oder gestorben ist. Daher hat er für das hier Gesagte keine Verantwortung außer insofern, als er der Urheber vieler der dargestellten Theorien ist« (Russell 1986, S. 160).

Mit seiner Einleitung zur ersten Publikation der *Logisch-philosophischen Abhandlung* (1921) und zur deutsch-englischen Buchveröffentlichung (1922) hat Russell sicher viel zur Wirkungsgeschichte dieses Texts beigetragen. Vor allem Wittgensteins Beiträge zu einer Theorie des logischen Symbolismus und der Konstruktion von Wahrheitsfunktionen werden positiv hervorgehoben, während die zahlentheoretischen Bemerkungen und die mystischen Gedanken kritisiert werden. Dieser äußerst einflussreiche Text Russells ist schon allein deshalb von größter Bedeutung, weil er den englischsprachigen Ausgaben der *Logisch-philosophischen Abhandlung* bis heute als Einleitung vorangestellt ist. Ein weiterer wichtiger Beitrag zur Wirkung der *Abhandlung* sind die zahlreichen Hinweise auf das Buch, die Russell in die zweite Auflage der *Principia Mathematica* (1925) eingefügt hat. Mit Wittgensteins späteren Arbeiten hat Russell nicht viel anfangen können, und über die Wirkung der *Philosophischen Untersuchungen* hat er sich mit bitterem Spott geäußert.

Vgl. S. 93

Zum Erfolg von Wittgensteins *Abhandlung* hat natürlich auch die erste Übersetzung ins Englische beigetragen, die zumindest teilweise von dem jungen Logiker Frank Ramsey stammt. Die erste längere Rezension des Buchs wurde ebenfalls von Ramsey geschrieben. Darin gibt er eine sehr kompetente und faire Darstellung der logischen Seite des Buchs sowie der bildtheoretischen Aspekte. Aber obwohl er ausdrücklich darauf hinweist, dass die *Abhandlung* eine Vielzahl philosophischer Themen berührt, beschränkt er seine Auseinandersetzung mit Wittgenstein (ebenso wie in einigen späteren Artikeln) auf logische Überlegungen. Ein für Ramsey besonders wichtiger Gesichtspunkt ist die Möglichkeit, die Logik der *Principia Mathematica* mit Wittgenstein'schen Mitteln zu korrigieren. In diesem Zusammenhang spielen die Bemerkungen über Identität eine maßgebliche Rolle. Ramseys Versuche, die Auffassung Russells im Lichte von Wittgensteins Kritik, aber anders als in der *Abhandlung* vorgeschlagen zu revidieren, gaben Anlass zu einer brieflichen Diskussion zwischen Wittgenstein und Ramsey, deren Standpunkte jedoch unvereinbar blieben (CL, S. 216-221).

Wiener Kreis

Auf fruchtbaren Boden fielen die Ideen der *Abhandlung* im Wiener Kreis, einer Gruppe von Wissenschaftlern, die sich um Moritz Schlick scharte, der 1922 auf den früher von Ludwig Boltzmann und Ernst Mach bekleideten Wiener Lehrstuhl für »Philosophie der induktiven Wissenschaften« berufen worden war. Zu den heute noch besonders bekannten Mitgliedern des Kreises gehörten (neben Schlick) Rudolf Carnap, Herbert Feigl, Kurt Gödel, Karl Menger, Otto Neurath und Friedrich Waismann. Regelmäßig traf man sich an Donnerstagabenden, um über wissenschaftliche Themen zu diskutieren. Später kamen auch ausländische Gäste und Angehörige der wichtigen Partnergruppen in Berlin und anderen europäischen Städten, wie zum Beispiel Alfred J. Ayer, Carl Hempel, Willard Van Orman Quine, Hans Reichenbach und Alfred Tarski. Schon 1924 begann man, die *Abhandlung* bei den Sitzungen des Kreises systematisch, Satz für Satz zu lesen und zu interpretieren. Vor allem Schlick und Waismann waren begeistert, andere Mitglieder äußerten sich eher skeptisch.

»Für mich war Wittgenstein, vielleicht außer Russell und Frege, der Philosoph, der den größten Einfluß auf mein Denken hatte. Die wichtigste Einsicht, zu der ich durch sein Werk gelangte, war die Idee, daß sich die Wahrheit logischer Sätze nur auf ihre logische Struktur und die Bedeutung der Ausdrücke gründet. Logische Sätze sind wahr unter allen denkbaren Umständen; ihre Wahrheit ist somit unabhängig von den zufälligen Tatsachen der Welt. Daraus folgt andererseits, daß diese Sätze nichts über die Welt sagen und demnach keinen Tatsachengehalt haben. Eine andere einflußreiche Idee Wittgensteins war die Einsicht, daß viele philosophische Sätze, besonders in der traditionellen Metaphysik, Scheinsätze ohne kognitiven Gehalt sind.« (Rudolf Carnap, *Mein Weg in die Philosophie*, S. 39 f.)

In den Publikationen der Mitglieder des Wiener Kreises wurde sehr oft auf Wittgenstein verwiesen. Neben den im engeren Sinn logischen Gedanken fand besonders das mit dem Konzept der Sprachanalyse verknüpfte Klarheitsgebot großen Anklang. Da Wittgenstein zu Schlick und Waismann, zeitweise auch zu Carnap und Feigl persönlichen Kontakt hatte, stand er gewissermaßen in Verbindung mit dem Wiener Kreis, obwohl er an dessen Sitzungen nie teilnahm. Dieser Einfluss Wittgensteins prägte auch das Verständnis der *Abhandlung*, denn sehr leicht geschah es, dass man die neueren Ansichten des Autors auf die ältere Schrift projizierte. Jedenfalls kam es im Wiener Kreis zu empiristisch oder verifikationistisch geprägten Interpretationen des Buchs, die den um 1930 geäußerten Gedanken Wittgensteins mehr verdankten als einer genauen Lektüre des Texts der *Abhandlung*. Von vielen Mitgliedern des Kreises wurde das Buch als metaphysikfeindliches Pamphlet gedeutet. Natürlich war an dieser Lesart etwas Richtiges, aber dennoch hätten die Interpreten rasch erkennen können, dass die Verabschiedung der Metaphysik kein auf direktem Wege erreichbares Ziel Wittgensteins sein konnte. Denn des Öfteren fragten sich dieselben Personen verwundert, wie die antimetaphysische Tendenz der Schrift mit den mystischen Bemerkungen zu vereinbaren wäre.

Durch die rasche Entwicklung von Wittgensteins Gedanken kam es zu vielen Missverständnissen beiderseits – auf Seiten des Verfassers der *Abhandlung* ebenso wie auf Seiten der Mitglieder des Wiener Kreises. Das Interesse Schlicks und seiner Gefährten hat ebenso wie ihre Versuche, mit den ständig wechselnden Ansichten Wittgensteins Schritt zu halten, dazu geführt, dass die *Abhandlung* im Kontext des logischen Empirismus, ja als Katechismus des Neopositivismus gelesen wurde. Aus historischer Sicht ist diese Fehldeutung zwar verständlich, aber die Blindheit gegenüber dem Text ist dennoch verblüffend.

Logischer Empirismus

Als sich Wittgensteins Ruhm in den dreißiger Jahren durch die Schriften der emigrierten Mitglieder des Kreises und die Berichte über seine Cambridger Lehrtätigkeit auch in den Vereinigten Staaten verbreitete, hörte man, dass der Autor seine früheren Anschauungen heftig kritisierte. Da man die *Abhandlung* mit dem *frühen* Wiener Kreis und dessen neopositivistischen, von ihren einstigen Verfechtern selbst preisgegebenen Thesen in Verbindung brachte, wurde die Schrift quasi automatisch als Grundbuch dieser Richtung und damit als hoffnungslos antiquiert hingestellt.

Die Tendenz, den frühen Wittgenstein mit dem Empirismus – also mit der spezifisch britischen Tradition der Betonung der Sinneserfahrung als Fundament der Erkenntnis – in Verbindung zu bringen, wurde durch Alfred J. Ayers enorm erfolgreiches Buch *Language, Truth and Logic* (1936) verstärkt. In dieser Schrift stellt Ayer die philosophischen Gedanken des Wiener Kreises in eleganter Form dar und benutzt diese Überlegungen als Basis für seine eigenen Thesen, die sich, wie er im Vorwort schreibt, »von den Theorien Bertrand Russells und Wittgensteins herleiten, die ihrerseits das folgerichtige Ergebnis des von Berkeley und Hume vertretenen Empirismus sind«.

In den dreißiger und vierziger Jahren wirkte Wittgenstein vor

Vor einem in Wien regelmäßig tagenden Diskussionskreis versuchte Elizabeth Anscombe Anfang 1950 »Wittgenstein zu erklären, aber mit wenig Erfolg. Wir hielten das für eine besonders flache Art von Kinderpsychologie. Als Elizabeth von unserer Reaktion erfuhr, schlug sie mir vor, Kontakt mit Wittgenstein aufzunehmen, der gerade in Wien war. [...] Wittgenstein kam über eine Stunde zu spät. ›Sein Gesicht sieht aus wie ein vertrockneter Apfel‹, dachte ich und redete weiter. Wittgenstein setzte sich, hörte ein paar Minuten zu und unterbrach mich: ›Halt, so geht das nicht!‹ Er besprach ausführlich, was man sieht, wenn man durch ein Mikroskop schaut. Das sind die Dinge, die wirklich zählen, wollte er damit wohl sagen, und nicht abstrakte Betrachtungen über die Beziehungen von ›Elementarsätzen‹ und ›Theorien‹. [...] Es gab Unterbrechungen und unverschämte Fragen. Wittgenstein ließ sich nicht beirren. Offenkundig zog er unsere respektlose Art der kriecherischen Bewunderung vor, mit der man ihm sonst begegnete.« (Paul Feyerabend, *Zeitverschwendung*, S. 105 f.)

allem durch seine Cambridger Lehrtätigkeit. Außerdem kursierten Abschriften des *Blauen* und des *Braunen Buchs* sowie Nachschriften seiner Vorlesungen. Manche seiner Studenten wurden ihrerseits zu einflussreichen Dozenten der Philosophie. Einige von ihnen versuchten zwar (ganz im Sinne Wittgensteins) die Eigenständigkeit ihres Denkens zu betonen, wurden aber trotzdem hauptsächlich als Vertreter der Ansichten ihres Lehrers wahrgenommen. Wittgenstein selbst galt in seinen späteren Jahren – vielleicht gerade weil er seit der *Abhandlung* nichts veröffentlicht hatte – als legendäre Figur, und mancher, der in den späten dreißiger oder vierziger Jahren nach Cambridge kam, war erstaunt zu hören, dass der Verfasser der *Logisch-philosophischen Abhandlung* noch lebte.

Ordinary Language Philosophy und analytische Philosophie

In seinem Testament hatte Wittgenstein verfügt, dass Elizabeth Anscombe, Rush Rhees und Georg Henrik von Wright seinen schriftlichen Nachlass verwalten und daraus veröffentlichen sollten, was sie für richtig hielten. Zwei Jahre nach Wittgensteins Tod erschienen die von Anscombe und Rhees herausgegebenen und von Anscombe übersetzten *Philosophischen Untersuchungen* in einer zweisprachigen Ausgabe. Die enorme Wirkung des Buchs dürfte kaum jemand vorhergesehen haben. In Großbritannien und an manchen amerikanischen Universitäten galten die *Untersuchungen* für Jahrzehnte als das wichtigste philosophische Buch des Jahrhunderts.

Oxford: Ryle und Austin

Das Echo hatte viel mit dem philosophischen Klima in Oxford und Cambridge zu tun. Vor allem von den Oxforder Professoren Gilbert Ryle (der mit Wittgenstein befreundet gewesen und nach eigenem Bekunden von ihm beeinflusst worden war) und John Austin wurde eine Art des Philosophierens propagiert, die unter Etiketten wie »Ordinary Language Philosophy« oder »Oxford-Style Linguistic Philosophy« als Revolution empfunden wurde. Die eine Seite der Revolution bestand in der Betonung des Gebrauchs alltagssprachlicher Ausdrücke, die auch in der Philosophie verwendet werden (»Raum«, »Zeit«, »Freiheit«, »Absicht«, »Wille«, »Empfindung«

Der Schüler und Freund Rush Rhees

usw.). Die andere Seite war eine recht aggressive Einstellung zu den meisten Formen der traditionellen Philosophie, ihren Theorien, Thesen und Verfahrensweisen.

Diese hauptsächlich von Oxford ausgehende Strömung harmonierte offensichtlich mit vielen besonders markanten Aussprüchen Wittgensteins, die sich in den *Philosophischen Untersuchungen* und in den schon vorher zirkulierenden Vorlesungsmitschriften finden. Dass die traditionelle Philosophie auf Missverständnissen der Sprache beruht und Theorien aufstellt, deren Erklärungsansprüche nie eingelöst werden können, und dass die neue, revolutionäre Philosophie bei der Alltagssprache ansetzt, möglichst deskriptiv vorgeht und dem verwirrten Philosophen durch therapeutische Maßnahmen zu einer gesunden Einstellung ohne philosophische Beunruhigung zu verhelfen trachtet – das waren Ideen, die bei Wittgenstein ebenso wie bei den Oxfordern zu finden waren. Die Ähnlichkeiten waren jedoch ganz oberflächlich: Die Tatsache, dass man Austin, Ryle und Wittgenstein bis in die sechziger Jahre als Dreigespann mit ähnlichen Zielen und Methoden sehen konnte, ist nur durch zufällige Gegebenheiten der historischen Situation zu erklären, denn selten waren drei Philosophen verschiedener als diese.

Alltagssprache

Wittgenstein »ähnelte Sokrates insofern, als er streng zwischen Philosophen und Sophisten unterschied. Im Gegensatz zu Sokrates mied er den Markt. Wie Sokrates war er bemüht, seine Schüler zu bekehren. Anders als Sokrates verspürte er das Bedürfnis, sich seine Genialität durch Isolierung zu bewahren. Er war ein Eremit, ein Asket, ein Guru und ein ›Führer‹. [...] Vermutlich kann niemand die *Philosophischen Untersuchungen* lesen, ohne zu merken, daß der Verfasser die Hand am Puls des Philosophierens hatte. Wir dürfen Zweifel darüber hegen, ob die von ihm angedeutete Diagnose zutrifft; nicht bezweifeln dürfen wir hingegen, daß es ihm mit seinem Riecher gelungen ist, jene sonderbare und wichtige geistige Beunruhigung namens ›philosophische Verwirrung‹ aufzuspüren.« (Gilbert Ryle in seiner Rezension von Wittgensteins *Bemerkungen über die Grundlagen der Mathematik*, S. 259 und 267)

Die Ähnlichkeiten bestanden zwar nur an der Oberfläche, aber die Wirkung ihrer Wahrnehmung war gewaltig: Einige der bekanntesten jungen Philosophen aus ganz verschiedenen Richtungen der heute so genannten »analytischen« Philosophie rezensierten die *Philosophischen Untersuchungen* (zum Beispiel Paul Feyerabend, Stuart Hampshire, Norman Malcolm und Peter F. Strawson). Man erkannte das Potential dieser Bemerkungen, zur Kritik an allen möglichen Positionen der traditionellen Philosophie benutzt werden zu können. Wittgensteins sprachphilosophische Überlegungen – vor allem sein Begriff der Familienähnlichkeiten – passte zu den von vielen anderen geteilten Bestrebungen, allen Formen des Essentialismus den Garaus zu machen: Dass allem, was wirklich unter einen Begriff fällt, eine Gemeinsamkeit, ein inneres Wesen zukommen müsse, wurde zunehmend als dogmatisches, argumentativ nicht zu rechtfertigendes Vorurteil empfunden.

Während sich viele sprachphilosophische Bemerkungen der *Philosophischen Untersuchungen* mit dem Buchstaben, wenn auch nicht mit dem Geist der Ordinary Language Philosophy deckten, wurden Wittgensteins Äußerungen über die Grammatik der Empfindungswörter und seine Argumente gegen die Möglichkeit einer privaten Sprache zwar oft der gleichen Richtung wie Ryles einflussreiches Buch über den Begriff des Geistes (1949) zugeordnet, von den meisten aber doch als ganz eigenständige, schwer einzuordnende Versuche der Reflexion über unsere Begriffe für Psychisches gesehen. Schon 1954 erschienen die Diskussionsbeiträge von Ayer und Rhees zur Frage »Kann es eine private Sprache geben?«, und in den nächsten Jahrzehnten kam es zu einer Flut von Artikeln, Anthologien, Büchern und Diskussionen über dieses Thema.

Private Sprache

In Großbritannien und Skandinavien galt der späte Wittgenstein in den fünfziger und sechziger Jahren nicht nur als der wichtigste, sondern auch als der revolutionärste Philosoph – er war weit davon entfernt, als Klassiker etabliert und assimiliert zu werden. In den Vereinigten Staaten gab es zwar neben in der Stille wirkenden Wittgenstein-Schülern wie Alice Ambrose und Morris Lazerowitz einige bekannte Verfechter und Interpreten Wittgenstein'scher Ideen – vor allem Norman Malcolm, Max Black und George Pitcher –, aber im Gegensatz dazu standen einflussreiche Trends, die mit den *Philosophischen Untersuchungen* nur schwer oder gar nicht zu vereinbaren waren. Bei manchen amerikanischen Philosophen kam das Interesse an Wittgenstein erst später zu vielbeachteter

Geltung, wie zum Beispiel bei Stanley Cavell und Hilary Putnam.

Rezeption im deutschen Sprachraum

Im deutschen Sprachraum wurde Wittgenstein anfangs nur zögerlich zur Kenntnis genommen. Nach und nach erschienen Rezensionen und Abhandlungen, beispielsweise von Jürgen von Kempski, Heinrich Scholz und Hermann Lübbe. Ingeborg Bachmann hatte schon 1953 einen Artikel über die *Abhandlung* publiziert, in dem sie den Begriff des Unsagbaren betonte. Und Erich Heller veröffentlichte 1959 einen sehr einfühlsamen Artikel über Wittgensteins geistige Herkunft aus dem deutschsprachigen, insbesondere österreichischen Kulturkontext. 1960 erschienen die *Abhandlung* (unter dem Titel *Tractatus logico-philosophicus*) und die *Philosophischen Untersuchungen* in dem Band *Schriften* im Suhrkamp Verlag. Schon bald begannen sich auch Philosophen wie Karl-Otto Apel und Jürgen Habermas für Wittgenstein zu interessieren.

Wittgenstein I und Wittgenstein II?

Von besonderer wirkungsgeschichtlicher Bedeutung war eine Interpretation, die in den Vereinigten Staaten von George Pitcher und in Deutschland von Wolfgang Stegmüller populär gemacht wurde und viele Jahre lang der Mehrheitsmeinung entsprach. Die Hauptthese lautete, dass es im Grunde zwei Wittgensteins gab: Wittgenstein I und Wittgenstein II. Der erste war der Autor der *Logisch-philosophischen Abhandlung*, der zweite der Autor der *Philosophischen Untersuchungen*. Der Kerngedanke dieser Interpretation lief aber nicht bloß auf die Konstatierung der Verschiedenheit zwischen frühem und spätem Wittgenstein hinaus, sondern besagte, dass die meisten kritischen Überlegungen der *Untersuchungen* triftige Einwände gegen die *Abhandlung* artikulieren und deren Thesen widerlegen. Die meisten Vertreter dieser Ansicht scheinen der Meinung zu sein, dass die Argumente des so rekonstruierten Wittgenstein ausreichen, um die Ansichten des frühen Wittgenstein endgültig zu entkräften. Das Grundkonzept hat auch heute noch Anhänger. Während seine ersten Verfechter der »Namentheorie« der Bedeutung des frühen Wittgenstein die »Gebrauchstheorie« des späten gegenüberzustellen pflegten, hat man später – im Anschluss an Saul Kripke – der *Abhandlung* gern eine Bedeutungstheorie der Wahrheitsbedingungen (à la Alfred Tarski und Donald Davidson) zugeschrieben und den *Untersuchungen* eine Bedeutungstheorie der Behauptbarkeitsbedingungen (à la Michael Dummett).

Bedeutungstheorien

»Wittgensteins Stellung in der Philosophie ist in doppelter Hinsicht merkwürdig: einmal, weil er zwei verschiedene Philosophien entwickelt hat, von denen die zweite nicht als eine Fortsetzung der ersten aufgefaßt werden kann, und zum anderen, weil sein Weg zur Philosophie mehr auf einem Zufall beruht, so daß sich sein Denken sowie auch seine ursprüngliche Terminologie außerhalb der philosophischen Tradition, insbesondere außerhalb der deutschen philosophischen Tradition, bewegte. [...] Vom Standpunkt der Wittgensteinschen Spätphilosophie aus betrachtet, ist die im Traktat entwickelte Theorie der Sprache von einer starren Einseitigkeit. Der Übergang zu seiner neuen Philosophie ist daher zugleich ein Prozeß der allmählichen Befreiung von dieser starren Auffassung. Auf dem Wege über eine unermüdliche Kritik an seinen früheren Ideen gewann Wittgenstein ein neues Bild von der Sprache und ihren Funktionen.« (Wolfgang Stegmüller, *Hauptströmungen der Gegenwartsphilosophie*, Bd. 1, S. 524 und 562)

Die Theorie der zwei Wittgensteins ist heute zwar längst nicht mehr so populär wie früher, aber sie prägt nach wie vor einen großen Teil der Debatte über den besten Interpretationsansatz. Seit 1956 haben Wittgensteins Herausgeber Schriften aus dem Nachlass veröffentlicht: zunächst Auszüge aus den späteren Arbeiten über die Philosophie der Mathematik, dann das *Blaue* und das *Braune Buch*, die Vorarbeiten zur *Abhandlung*, die *Philosophischen Bemerkungen*, die *Philosophische Grammatik*, und 1967 brachte Brian McGuinness Waismanns Gesprächsaufzeichnungen der Jahre 1929 bis 1932 heraus. Die Interpreten verfügten also schon Ende der sechziger Jahre über zahlreiche authentische – wenn auch nicht immer perfekt edierte – Quellen, um sich von Wittgensteins Denken *zwischen* 1918 (dem Jahr der Fertigstellung der *Abhandlung*) und 1936 (dem Jahr des Beginns der Arbeit an den etwa 1946 abgeschlossenen *Untersuchungen*) ein Bild zu machen. Es gibt zwar immer noch nicht viele kompetente Studien zu Wittgensteins mittlerer Periode (1929-1936), aber tendenziell werden die genannten Schriften als Dokumente des Übergangs und Vorstufen der *Philosophischen Untersuchungen* gelesen. Diese Tendenz ist verständlich, weil sie die Sicht der Dinge vereinfacht, aber diese Vereinfachung ist mit Sicherheit auch eine Verfälschung, die nach wie vor der Korrektur harrt.

Von einigen Autoren werden die Schriften der mittleren Periode als Zeugnisse einer gewissen Kontinuität in Wittgensteins Denken und als Belege für die These gewertet, dass es mehr Übereinstimmungen zwischen dem frühen und dem späten Wittgenstein gibt, als man bisher anzunehmen geneigt war. Gewiss ist diese Lesart dazu angetan, wirklich vorhandene, aber leicht verkannte Merkmale der Schriften Wittgensteins zu erhellen. Soweit sie jedoch dazu dienen soll, die unleugbaren Unterschiede zwischen Früh- und Spätwerk herunterzuspielen, wird sie den Fakten nicht gerecht.

Kommentare zu den Hauptwerken

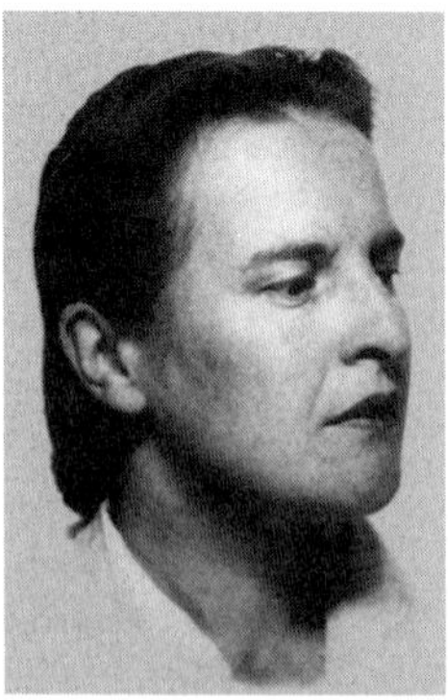

Seine ehemalige Schülerin G. E. M. Anscombe übersetzte Wittgensteins *Philosophische Untersuchungen* ins Englische.

Seit Abflauen der ersten enthusiastischen Rezeptionswelle nach Erscheinen der *Philosophischen Untersuchungen* hat es mehrere unterscheidbare Stadien der Reaktion auf Wittgensteins Werk gegeben, die eine längst unüberschaubare Flut von Publikationen mit sich gebracht haben. Zunächst sind die Kommentare zu nennen, die Wittgensteins beiden Hauptwerken gewidmet wurden. Die erste Gruppe der Kommentare befasst sich mit der *Logisch-philosophischen Abhandlung* und stammt aus der Zeit um 1960: Anscombes Einführung *An Introduction to Wittgenstein's Tractatus* (1959) betont die logischen Aspekte des Buchs und die Herkunft vieler Gedanken Wittgensteins aus den Theorien Freges und der Auseinandersetzung mit Russell, dessen empiristische Tendenzen jedoch nicht zu den wichtigsten Einsichten des frühen Wittgenstein passen. Das vor allem in Deutschland einflussreiche Buch *Wittgenstein's Tractatus. A Critical Exposition of the Main Lines of Thought* (1960) des finnischen Philosophen Erik Stenius stellt die Bildtheorie in den Vordergrund und versucht die Schwierigkeiten der Interpretation durch eigene Beiträge zur Semantik zu beheben. Stenius ist einer der ersten Autoren, von denen Wittgensteins Nähe zu bestimmten Aspekten der kantianischen Tradition herausgestrichen wird. Das umfangreiche Buch von Max Black – *A Companion to Wittgenstein's Tractatus* (1964) – hat sich bis heute als Hilfsmittel und eigenständige Deutung bewährt. Black gliedert den Text in kleine Abschnitte, die im Überblick und im Detail dargestellt werden. Historische Zusammenhänge und Probleme der logischen Notation werden erläutert; an vielen Stellen werden die Bücher von Anscombe und Stenius herangezogen und kritisch erörtert. Viele der wichtigsten Artikel über die *Abhandlung*, die zwischen Ramseys Rezension und Mitte der sechziger Jahre erschienen sind, liegen in einem von Irving M. Copi und Robert W. Beard herausgegebenen Sammelband (*Essays on Wittgenstein's Tractatus*, 1966) vor. Auf diese vier Bücher bezieht sich die Mehrzahl der einschlägigen Veröffentlichungen der folgenden Jahre.

Stenius

Black

Aus etwas späterer Zeit stammen die drei wichtigsten Kommentare zu den *Philosophischen Untersuchungen*. Da die beiden ersten in großem Umfang Wittgensteins Manuskripte heranziehen, konnten sie erst geschrieben werden, nachdem der Mikrofilm von Wittgensteins Nachlass samt Katalog von Georg Henrik von Wright 1967 vorlag. Ein ähnliches Format wie Blacks Buch über die *Abhandlung* benutzt Garth Hallett in seinem Kommentar zu Wittgensteins spätem Hauptwerk (*A Companion to Wittgenstein's »Philosophical Investigations«*, 1977): Die *Untersuchungen* werden in Abschnitte eingeteilt, die zunächst in groben Zügen dargestellt und anschließend im Detail besprochen werden. Zur Erläuterung schwieriger oder strittiger Stellen zitiert Hallett Wittgensteins Manuskripte sowie zahlreiche Schriften von Russell, Frege und anderen Autoren, die Wittgenstein angeregt haben könnten.

Hallett

Baker/Hacker

Weit umfangreicher als Halletts 800-Seiten-Opus ist der analytische Kommentar von Gordon Baker und Peter Hacker. Der erste Band (*Wittgenstein, Understanding and Meaning*) erschien 1980, der zweite (*Wittgenstein, Rules, Grammar and Necessity*) 1985. Die beiden abschließenden Bände wurden von Hacker allein verfasst und kamen 1990 (*Wittgenstein, Meaning and Mind*) bzw. 1996 (*Wittgenstein, Mind and Will*) heraus. In diesem monumentalen Werk werden die *Untersuchungen* in »Kapitel« gegliedert, denen – durch umfangreiche Essays erläuterte – thematische Schwerpunkte zugeordnet sind. Die Essays sind oft historisch orientiert und stellen Bezüge zu Frege, Russell und dem Verfasser der *Abhandlung* her, gelegentlich aber auch zu Schopenhauer, Spengler und anderen Autoren. Im Stellenkommentar wird die Entstehung der einzelnen Bemerkungen dokumentiert und durch zahlreiche Textbeispiele anschaulich gemacht. Die Interpretation bemüht sich um die Herausarbeitung einer klaren Argumentationslinie, die oft am Leitfaden einer scharfen Kritik an Thesen der *Abhandlung* ausgerichtet ist.

»Wittgensteins Vermächtnis ist eine Sichtweise, die die Philosophie nicht mehr als Streben nach Erkenntnis, sondern nach Verständnis begreift. Die Aufgabe der Philosophie besteht nicht darin, der Summe der menschlichen Erkenntnis etwas hinzuzufügen, sondern darin, ein klares Verständnis des bereits Bekannten zu ermöglichen.« (P. M. S. Hacker, *Wittgenstein im Kontext der analytischen Philosophie*, S. 523)

v. Savigny

Der dritte vollständig vorliegende Kommentar ist ganz anderer Art: Eike von Savignys »Kommentar für Leser« (Band 1: 1988, Band 2: 1989) nimmt den Gedanken ernst, dass die *Philosophischen Untersuchungen* ein Buch sein wollen, das von Lesern verstanden werden soll. Die Interpretation verfährt daher textimmanent; das heißt, auf Manuskriptvorstufen, Parallelen und mögliche Quellen in den Schriften anderer Autoren wird bewusst *nicht* Bezug genommen. Dafür ist dieser Kommentar der einzige, der sich durchgängig mit anderen, vor allem auch mit konkurrierenden Interpretationen auseinander

Zwei Kernthesen

setzt. Die Deutung v. Savignys gewinnt dadurch an Stringenz, dass der Autor die ganzen *Untersuchungen* als Argumentation für zwei Kernthesen begreift. Die erste ist die »*These über das Meinen*«. Danach gilt: »Daß jemand mit einer Äußerung, mit einer Handlung, mit einem Bild usw. etwas meint (etwas darunter versteht), betrifft ihn nicht isoliert. Vielmehr besteht diese Tatsache darin, daß die Muster seines individuellen Verhaltens in bestimmter Weise in Muster des sozialen Verhaltens in der Gemeinschaft, zu der er gerechnet wird, eingebettet sind.« Die zweite ist die »*These über seelische Sachverhalte*: Die Tatsache, daß jemand sich etwas vorstellt, etwas erwartet, etwas wünscht, etwas fühlt, an etwas denkt oder etwas beabsichtigt usw., betrifft ihn nicht isoliert. Diese Tatsache besteht vielmehr darin, daß die Muster seines individuellen Verhaltens in bestimmter Weise in Muster des sozialen Verhaltens in der Gemeinschaft, zu der er gerechnet wird, eingebettet sind« (Savigny 1994, S.9 f.). Die Begründung dieser beiden Thesen, meint v. Savigny, steht im Zentrum aller Argumentationen der *Philosophischen Untersuchungen*. Sein Stellenkommentar geht auf Eigentümlichkeiten und Schwierigkeiten von Wittgensteins Sprachgebrauch ein und versucht, den verwirrten Leser durch Hinweise auf Anglizismen oder Parallelen in anderen, argumentativ relevanten Paragraphen der *Untersuchungen* aufzuklären.

An vielen Stellen ergänzen sich besonders die überaus verdienstvollen Kommentare von Baker/Hacker und v. Savigny vorzüglich; in beiden kommt der Paradoxien riskierende Ironiker Wittgenstein mitunter zu kurz. Baker, Hacker und v. Savigny haben ihre Interpretationen durch zahlreiche weitere Veröffentlichungen abgerundet: Baker bezieht sich vor allem auf Texte aus der Zeit von Wittgensteins Zusammenarbeit mit Waismann; Hacker macht durch seine Deutung der *Abhandlung* klar, *wogegen* Wittgenstein in den *Untersuchungen* argumentiert; v. Savigny untermauert seine Lesart der *Untersuchungen* durch Komplettierung des nachgezeichneten Gedankengangs und Auseinandersetzungen mit konkurrierenden Ansätzen.

Vom Umgang mit dem Klassiker

Alle bisher genannten Interpreten wollen Wittgensteins eigene Gedanken verstehen oder rekonstruieren. Je weiter wir uns von Wittgenstein entfernen und je mehr er und seine Schriften als Klassiker gelten, desto häufiger kommt es vor, dass zeitgenössische Autoren Texte Wittgensteins benutzen, um ihre eigenen Gedanken daran zu erproben und vor dem Goldgrund dieser Ikone glänzen zu lassen. Das mit Sicherheit folgenreichste Beispiel für dieses Vorgehen ist Saul Kripkes Buch über Wittgensteins Regelbegriff und die private Sprache. Wie der Autor im Vorwort schreibt, geht es ihm nicht so sehr um die Interpretation einzelner Textstellen, sondern er will dartun, wie Wittgensteins Argumentation auf ihn gewirkt hat und inwiefern sie ihm ein Problem präsentiert hat. Die Privatsprachenargumentation wird als ein spezifischer Aspekt einer allgemeineren Auffassung der Sprache gesehen, die vor allem im Hinblick auf Wittgensteins Erörterungen des Regelfolgens verstanden werden müsse. Ähnlich wie Robert Fogelin (1976) behauptet Kripke, Wittgenstein konfrontiere den Leser mit einem skeptischen Paradox und einer skeptischen Lösung im Sinne Humes.

Die Reaktionen auf Kripkes Buch waren (und sind) erstaunlich: Die Besprechungen wurden von einigen der klingendsten Namen der zeitgenössischen Philosophie verfasst; Kenner

»Kripkenstein«

der Texte Wittgensteins bestätigten Kripkes Äußerung, dass seine Darlegungen eigentlich *keine* Interpretation des Wittgenstein'schen Texts seien; in Hunderten, wenn nicht Tausenden von Artikeln wurde Kripkes »skeptisches Paradox« umformuliert und durch neue Beispiele angereichert. Vor allem in den Vereinigten Staaten wurde »Kripkenstein« zu einer philosophischen Kultfigur, die nicht nur kritisch erörtert, sondern vor allem nachgeahmt wurde.

Manche Autoren haben sich durch die Auseinandersetzung mit Kripkes Wittgenstein einen Zugang zu diesem Autor verschafft, der ihnen eine neue Betrachtungsweise seiner Schriften ermöglicht. Die vieldiskutierten Wittgenstein-Artikel von Autoren wie John McDowell und Crispin Wright wären ohne Kripke sicher nicht in der vorliegenden Form geschrieben worden; und diese Form ist häufig näher an Wittgenstein als Kripkes die Auseinandersetzung anregende Darstellung.

Ganz anders als Kripke reagieren einige sehr an Wittgensteins wirklichen Absichten interessierte Autoren wie Cora Diamond und James Conant, die hauptsächlich von der *Logisch-philosophischen Abhandlung* ausgehen und die Standardinterpretationen von Black, Hacker, Anthony Kenny und David Pears als drückende Orthodoxie empfinden. Diese Autoren legen besonderes Gewicht auf die Tatsache, dass der frühe Wittgenstein seine eigenen Sätze am Schluss der *Abhandlung* für unsinnig erklärt. Sie betonen strukturelle und stilistische Gesichtspunkte, die von früheren Interpreten häufig übersehen oder heruntergespielt wurden. Ein interessanter Aspekt dieser Lesart ist eine Drehung der Betrachtung, die dazu führt, dass die *Abhandlung* nicht ständig aus der Perspektive der *Philosophischen Untersuchungen* betrachtet wird, sondern diese unter dem Blickwinkel der *Abhandlung* gesehen werden.

In letzter Zeit werden die Arbeiten von Conant, Diamond und ähnlich orientierten Autoren unter dem nichtssagenden Etikett »New Wittgenstein« zusammengefasst. An polemischen Gegenangriffen auf »New Wittgenstein« herrscht kein Mangel: Vor allem Peter Hacker hat ausführliche Repliken

»New Wittgenstein«

Wittgenstein »sagt in § 6.54, in welcher Weise diese Sätze als Erläuterungen dienen, nämlich: indem sie es uns ermöglichen, sie *als* unsinnig zu erkennen. Das Ziel erreicht man nicht, indem man auf der letzten Seite ankommt, sondern indem man einen bestimmten Punkt einer Tätigkeit erreicht – den Punkt, an dem die Erläuterung ihren Zweck erfüllt hat, also dann, wenn die Illusion der Sinnhaftigkeit von innen gesprengt wird. Das Zeichen dafür, daß wir den Verfasser des Werks verstanden haben, ist, daß wir die erklommene Leiter wegwerfen können. Das heißt: Wir sind mit dem Werk fertig – und das Werk ist fertig mit uns –, sobald wir imstande sind, die Sätze im Kern des Werks – Sätze über ›die Grenzen der Sprache‹ und die jenseits liegenden unsagbaren Dinge – wirklich *wegzuwerfen.*« (James Conant, »Elucidation and Nonsense in Frege and Early Wittgenstein«, S. 198) verfasst, die den Vorzug haben, seine eigene Deutung der *Abhandlung* zu präzisieren.

Die seit den Kongressen und Workshops zum 50. Todestag Wittgensteins (2001) des Öfteren eingenommene Perspektive des verweilenden Rückblicks zeigt, dass sich in den letzten Jahrzehnten der Wittgenstein-Rezeption manches konsolidiert und manches verändert hat. Vor allem die textkritisch und biographisch relevanten Arbeiten von Brian McGuinness und Georg Henrik von Wright haben Wittgenstein und seinen Schriften genauere Konturen verliehen. In mehreren Ländern gibt es aktive Wittgenstein-Gesellschaften: Die österreichische Gesellschaft veranstaltet seit den siebziger Jahren vielbeachtete internationale Symposien in der Ortschaft Kirchberg am Wechsel, in deren Nähe Wittgenstein als Volksschullehrer tätig war. Die Akten dieser Veranstaltungen und die dazugehörige Schriftenreihe bieten, ebenso wie die von der deutschen Wittgenstein-Gesellschaft herausgegebenen *Wittgenstein-Studien*, eine Fülle anregender Artikel und aufschlussreicher Materialien. Eine Zeitschrift, die fast ausschließlich Artikel zu Wittgenstein publiziert, wird in Swansea herausgegeben und erscheint seit 1978 unter dem Titel *Philosophical Investigations.*

Wittgensteins Nachlass

Eine ganz neue Form der Auseinandersetzung mit Wittgensteins Werk ist möglich, seit im Jahre 2000 die an der Universität Bergen erarbeitete Edition von Wittgensteins Gesamtnachlass auf CD-ROM vorliegt und in Gestalt zweier Transkriptionen und vollständiger Faksimiles von etwa 20 000 Seiten Text alles versammelt, was man als Leser der Philosophie Wittgensteins zusätzlich zu Kommentaren, Konkordanzen usw. brauchen kann. Außerdem bietet die sogenannte »Wiener Ausgabe« Texte eines Großteils der zwischen 1929 und 1932 entstandenen Manuskripte und der unbearbeiteten Fassung des »Big Typescript«. Seit 1989 liegt bei Suhrkamp eine Kritische Edition der *Logisch-philosophischen Abhandlung* vor, und 2001 ist im selben Verlag eine Kritisch-genetische Edition der *Philosophischen Untersuchungen* erschienen.

Die Zugänglichkeit des Nachlasses und die unüberschaubare Menge einschlägigen Materials haben dazu geführt, dass sich viele Autoren auch mit Aspekten von Wittgensteins Persönlichkeit und seiner Schriften befassen, die aus fachphilosophischer Sicht eher peripher sind. So gibt es zahlreiche Abhandlungen, Kapitel und ganze Bücher über Wittgensteins Haltung zu seiner Zeit und seine Stellung im Kontext dieser Epoche. Sogar aus Wittgensteins Bemerkungen über Religion schöpft ein ganzer akademischer »Industriezweig« seinen Rohstoff. Selbstverständlich gibt es auch Versuche, Wittgenstein im Rahmen der Postmoderne zu situieren, so etwa Henry Statens *Wittgenstein and Derrida* (1985). Dies sind unausbleibliche Begleiterscheinungen einer Entwicklung, die den einstigen Rebellen zum Klassiker werden lässt. Solange dieser Klassiker den einen oder anderen Leser zu rebellischen Gedanken anregt, braucht man sich über diese Entwicklung nicht zu grämen.

Außerphilosophische Rezeption

Wittgenstein hat viele Menschen beeinflusst, deren vordringliches Interesse nicht der Fachphilosophie galt oder gilt. Es gibt Vertonungen seiner Texte und literarische Werke, die den einen oder anderen Aspekt von Wittgensteins Schriften reflektieren. Manche Filme handeln von Wittgenstein, einige stammen von Regisseuren, die Gedanken Wittgensteins zum Ausdruck bringen wollen. In einem ambitionierten Krimi von Philip Kerr (*Das Wittgenstein-Programm*) wird nach Texten und Ideen von Wittgenstein gemordet. Der marxistische Literaturkritiker Terry Eagleton hat nicht nur das Skript für Derek Jarmans Wittgenstein-Film verfasst, sondern den Philosophen zusammen mit Bertrand Russell und Nicholas Bachtin auch in einem Roman (*Saints and Scholars*) auftreten lassen.

Karl Johnson als Wittgenstein in Derek Jarmans Film

Diese Seiten des Nachlebens von Wittgensteins Person und Werk sind so vielfältig, dass hier nur einige Beispiele vorgestellt werden können. Zu nennen wäre etwa der finnische

»Was an diesem Mann, dessen Philosophie durchaus anstrengend und technisch anspruchsvoll sein kann, ist das Besondere, das die *künstlerische* Vorstellungskraft dermaßen fesselt? Frege ist ein Philosoph für Philosophen, Bertrand Russell ist für den Durchschnittsbürger der Inbegriff des Weisen, und Sartre entspricht dem Bild, das die Medien vom Intellektuellen zeichnen. Aber Wittgenstein ist der Philosoph der Dichter und Komponisten, der Stückeschreiber und Romanciers, und Fragmente der gewaltigen *Abhandlung* sind sogar vertont worden. Schon zu Lebzeiten war er ein Mythos, so etwas wie eine Romanfigur, die in ein deprimierend reales Cambridge geraten ist. Außerdem hat sein vom Luxus zur Armut führender Lebensweg etwas von einer Legende oder einem Märchen an sich: der plutokratische Vater, die einsame Hütte am norwegischen Fjord, die aussichtslosen Ausflüge ins Lehrerdasein, Galway, das stalinistische Rußland – das alles bietet sich an zu literarischer oder dramatischer Darstellung.« (Terry Eagleton, *Wittgenstein. The Derek Jarman Film*, S. 5)

Tangosänger M. A. Numminen, der eine »Tractatus Suite« ersonnen und eingespielt hat: Die teils auf Englisch, teils auf Deutsch gesungenen Texte sind tatsächlich Bruchstücke aus der *Logisch-philosophischen Abhandlung*. Der Ungar Péter Forgász, dessen Filme in vielen Museumssammlungen zu finden sind (beispielsweise im Centre Pompidou oder im Museum of Modern Art), hat 1992 eine aus kurzen Szenen bestehende Arbeit für das Fernsehen abgeschlossen, deren Einzelsequenzen von Zitaten aus dem *Tractatus* begleitet werden, die der Autor selbst vorliest.

Auch im Bereich der bildenden Kunst sind Wirkungen Wittgensteins zu verzeichnen. Ein Beispiel ist Eduardo Paolozzi:

Paolozzi: »As is when«

In einer zwölf Blätter umfassenden Sammlung von Collagen mit dem Titel »As is when« (1964/65) sind drei Arbeiten Wittgenstein gewidmet. Wie der Künstler berichtet, wollte er sich durch seine Drucke »mit Wittgenstein identifizieren, eine Art kombinierte Autobiographie erstellen« (zit. n. Konnertz 1984, S. 162). Das heißt, Paolozzi wollte seine eigenen Eindrücke und Vorstellungen zu Teilen der ihm bekannten Lebensge-

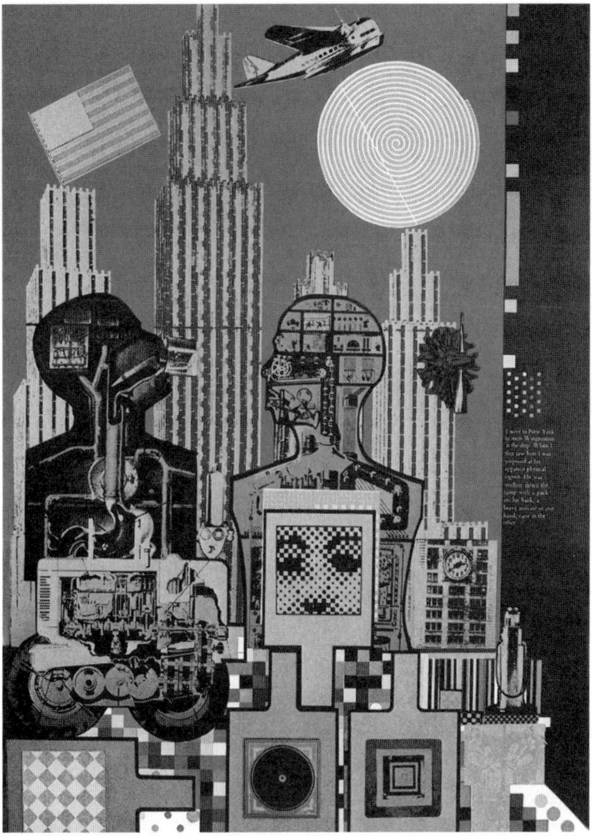

Eduardo Paolozzis Bildcollage »Wittgenstein in New York«

schichte Wittgensteins in ein Verhältnis setzen. Auf diese Weise entstanden Bilder wie »Wittgenstein as a Soldier«, das sich auf Wittgensteins Militärdienst im Ersten Weltkrieg bezieht, »Wittgenstein in New York«, das von Wittgensteins Besuch bei Norman Malcolm in Ithaca angeregt ist, und »Wittgenstein at the Cinema Admires Betty Grable«, das auf Wittgensteins Vorliebe für amerikanische Filme anspielt. Offenbar autobiographisch geprägt ist das Werk »Wittgenstein at Casino [sic]«, denn wie Paolozzi erklärt, stammt er aus einer Ortschaft ganz in der Nähe von Cassino, wo Wittgenstein etwa acht Monate als Kriegsgefangener verbrachte.

Vgl. S. 51

Vgl. S. 38

Wittgenstein selbst hat einmal eine Liste jener Personen zusammengestellt, von denen er sich beeinflusst glaubte. Die Schwierigkeit, die von Wittgenstein gemeinten Einflüsse in seinen Schriften nachzuweisen, sollte denen eine Warnung sein, die im Werk eigenständig produktiver Menschen nach Einflüssen Wittgensteins suchen. In manchen Fällen ist die Rezeption allerdings gut dokumentiert oder wird von den Betreffenden unverblümt ausgesprochen. Das gilt vor allem für zwei österreichische Schriftsteller: Ingeborg Bachmann und Thomas Bernhard.

Bachmann: Einbruchstellen des sich Zeigenden

Bachmann studierte in der Nachkriegszeit Philosophie. Zu ihren akademischen Lehrern gehörte Victor Kraft, der den Ideen des Wiener Kreises die Treue gehalten hatte und 1950 – im selben Jahr, in dem Bachmann promovierte – eine verdienstvolle Geschichte dieser Bewegung publizierte. In Bachmanns Dissertation geht es um die vor allem von Carnap und anderen Vertretern einer wissenschaftlichen Weltauffassung geübte Kritik an Heidegger. Wittgensteins Name fällt erst am Schluss der Arbeit, wo der Satz 7 des *Tractatus* (»Wovon man nicht sprechen kann, darüber muß man schweigen«) zitiert wird. In einem später geführten Gespräch betonte Bachmann, die Begegnung mit Wittgensteins Frühwerk habe der Gemütslage der Promovendin genau entsprochen. Was sie in den frühen fünfziger Jahren besonders berührte, war die im *Tractatus* behandelte Thematik der Grenze und die damit zusammenhängende mystische Seite Wittgensteins. Bachmann schrieb 1953 und 1954 zwei Essays über Wittgenstein, in denen diese Aspekte hervorgehoben wurden. Während es in der Arbeit über die Heidegger-Kritik vor allem auf die Grenze des sinnvollen Redens ankam, spricht Bachmann jetzt von Grenzen, die »auch Einbruchstellen des sich Zeigenden« sind. Ganz im Sinne dieser Akzentuierung schreibt sie: »Schweigen über etwas heißt ja nicht nur einfach schweigen. Das negative Schweigen wäre Agnostizismus – das positive Schweigen ist Mystik« (zit. n. Weigel 1999, S. 97).

Bachmann las nun auch die gerade erst (1953) erschienenen *Philosophischen Untersuchungen*. Hier faszinierte sie das Bild der Sprache als einer alten Stadt, als »Gewinkel von Gäßchen und Plätzen, alten und neuen Häusern, und Häusern mit Zubauten aus verschiedenen Zeiten« (PhU, § 18). Sie spielte mit dem Gedanken, eine Wittgenstein-Monographie zu schreiben, und bemühte sich bei der Europäischen Verlagsanstalt um eine deutsche Veröffentlichung von Wittgensteins Schriften. Aus der geplanten Monographie wurde nichts, aber es gelang ihr, Siegfried Unseld zur 1960 erfolgten Publikation der Schriften Wittgensteins im Suhrkamp Verlag anzuregen (vgl. Weigel 1999, S. 84-88).

Obwohl man sicher unterstellen darf, dass die frühe Beschäftigung mit Wittgenstein nicht ohne Einfluss auf die weitere Entwicklung der Schriftstellerin Ingeborg Bachmann geblieben ist, dürfte die Suche nach Parallelen, Anleihen und dergleichen kaum mehr erbringen als die Konstatierung der einen oder anderen Ähnlichkeit. Das kann man freilich auch so ausdrücken wie in dem folgenden Zitat, in dem über Bachmann und Bernhard gesagt wird: »Sie entfalten in ihren literarischen Prosatexten selbständige, differierende, teilweise auch spielerische Umgangsweisen mit ihm [Wittgenstein], eine intertextuelle Bezugnahme, die beide als Widerhaken gegen die österreichische Antimoderne im literarischen Feld Österreich nach 1945 einsetzen« (Steutzger 2001, S. 256).

Bernhard: Heimholung und Sprachlosigkeit

Bei Thomas Bernhard spielt Wittgenstein unverkennbar eine wichtige Rolle. In einem an Hilde Spiel gerichteten Brief von 1971 bringt er seine Verehrung für Wittgenstein in ungewöhnlich direkter Form zum Ausdruck: »Was Wittgenstein betrifft: er ist die Reinheit Stifters, Klarheit Kants in einem und seit (und mit ihm) Stifter der Größte. Was wir durch NOVALIS, den deutschen, nicht gehabt haben, ist uns jetzt Wittgenstein – und ein Satz noch: W[ittgenstein] ist eine Frage, die nicht beantwortet werden kann – dadurch ist er eins mit jener Stufe, die Antworten (und Antwort) ausschließt« (zit. n. Honegger 2003, S. 225).

In mehreren Romanen und Erzählungen Bernhards werden Elemente der Lebensgeschichte Wittgensteins verwertet, und es gibt Anspielungen auf Gedanken seiner Schriften. In *Wittgensteins Neffe* figuriert der Philosoph als Gegenstand von Klatsch und Tratsch sowie als Aufhänger für die Meinungen der Protagonisten. In Bernhards burleskem Beitrag zum Goethejahr 1982 (*Goethe schtirbt*) ist es der größte Wunsch des greisen Dichters, den von ihm bewunderten Autor des *Tractatus logico-philosophicus* in Weimar zu empfangen und ihn »in dem allergemütlichsten Zimmer, das wir haben«, unterzubringen, um den Hochgeschätzten kennen zu lernen. Eine in der *Logisch-philosophischen Abhandlung* auf den Solipsismus und die Grenzen *der* Sprache (*langue*) bezogene Formulierung benutzt Bernhard, um auf die in den *Philosophischen Untersuchungen* behandelte Privatsprachenproblematik anzuspielen: »Ich spreche die Sprache, die nur ich allein verstehe, sonst niemand« (*Der Keller*). Und in der Erzählung *Gehen* tauchen immer wieder Gedanken Wittgensteins auf, bis eine der Figuren (Oehler) schließlich so geschwächt ist, dass es ihr, als sie einen Satz des Philosophen erklären will, nicht gelingt, den Namen Wittgensteins über die Lippen zu bringen: Ich kann »nicht einmal mehr das Wort Wittgenstein aussprechen [...], geschweige denn kann ich etwas über Wittgenstein oder etwas mit Wittgenstein Zusammenhängendes sagen«.

Vgl. S. 66 und 95

»Und wenn ich es genau überlege, so Goethe am Fenster, die rechte Hand auf den Stock gestützt, ist Wittgenstein von allen der größte. [...] Alles, was er [Goethe] bis jetzt gelesen und durchdacht habe, sei gegenüber dem Wittgensteinschen nichts oder *wenigstens beinahe nichts*. Er wisse nicht mehr, *was oder wer ihn auf oder zu Wittgenstein gebracht habe. Ein kleines Büchlein mit rotem Umschlag, aus der Bibliothek Suhrkamp*, sagte Goethe zu Riemer einmal, *vielleicht, ich kann es nicht mehr sagen. Aber es war meine Rettung.* [...] Den *Tractatus* hat er [Goethe] unter dem Kopfpolster liegen. *Die Tautologie hat keine Wahrheitsbedingungen, denn sie ist bedingungslos wahr; und die Kontradiktion ist unter keiner Bedingung wahr*, soll er, Goethe, Wittgenstein zitierend, oft in diesen Tagen gesagt haben.« (Thomas Bernhard, *Goethe schtirbt*, S. 405 und 408)

Anhang

Zeittafel

1889 26. April: Ludwig Wittgenstein wird als jüngstes von insgesamt acht Kindern des schwerreichen Unternehmers Karl Wittgenstein und seiner Frau Leopoldine, geb. Kalmus, in Neuwaldegg bei Wien geboren.
1903 Besuch der Realschule in Linz, nachdem er zuvor von Privatlehrern unterrichtet wurde.
1906 23. Oktober: Immatrikulation an der Technischen Hochschule Berlin-Charlottenburg, um Ingenieurwissenschaften zu studieren.
1908 Wechsel an das College of Technology in Manchester.
1909 Erste nachweisbare Beschäftigung mit mathematischen Grundlagenfragen.
1911 Im Sommer Besuch in Jena bei dem Mathematiker und Logiker Gottlob Frege. – Vermutlich auf Anraten Freges geht Wittgenstein nach Cambridge und stellt sich im Oktober im Trinity College bei Bertrand Russell vor.
1912 Offizielle Einschreibung in Cambridge (Trinity College); intensives Studium logischer Grundlagenfragen bei Russell. Wittgenstein besucht G. E. Moores Vorlesungen über (philosophische) Psychologie. – Lernt David Pinsent kennen, mit dem er im September/Oktober nach Island reist.
1913 20. Januar: Tod des Vaters. – Im Februar schreibt Wittgenstein eine kurze Rezension eines Logikbuchs. – Oktober: Russell hilft bei der Zusammenstellung von Auszügen aus Wittgensteins Manuskript (»Notes on Logic«). – Reise nach Norwegen, zunächst nach Bergen, anschließend nach Skjolden am Sognefjord.
1914 Besuch von Moore in Skjolden; die »Notes Dictated to Moore« entstehen. – Wittgenstein lässt sich in Skjolden eine Hütte bauen und unterstützt in Wien mit einer großen Geldsumme bedürftige Künstler. – Nach Kriegsausbruch meldet sich Wittgenstein freiwillig und tritt am 7. August den Dienst bei der Artillerie an.
1915 Dienst in Krakau und Lemberg. – Auch während des Krieges Fortsetzung der philosophischen Aufzeichnungen.

1916 Im Herbst besucht Wittgenstein die Offiziersschule der Artillerie in Olmütz, wo er Paul Engelmann kennen lernt. Intensive Arbeit am dritten der erhaltenen Kriegstagebücher. – Dezember: Beförderung zum Fähnrich.

1917 Aktiver Dienst an der Ostfront.

1918 März: Versetzung an die italienische Front. – Juli bis September: Längerer Urlaub. Nachricht vom Tod Pinsents. Abschluss der *Logisch-philosophischen Abhandlung*. – Rückkehr an die italienische Front, wo er am 3. November in Kriegsgefangenschaft gerät.

1919 Beginn der Freundschaft mit Ludwig Hänsel. – 26. August: Entlassung aus der Gefangenschaft und der Armee. – Sofort nach der Ankunft in Wien schenkt Wittgenstein das ererbte Vermögen seinen Geschwistern. – 16. September: Eintritt in die Lehrerbildungsanstalt in der Wiener Kundmanngasse.

1920 September: Wittgenstein wird Volksschullehrer in Trattenbach.

1921 Die *Logisch-philosophische Abhandlung* erscheint in Ostwalds *Annalen der Naturphilosophie*.

1922 Im Sommer: Treffen mit Russell in Innsbruck; die persönlichen Gegensätze zwischen beiden werden immer deutlicher. – Die *Abhandlung* erscheint in einer deutsch-englischen Buchausgabe. – Oktober: Neue Lehrerstelle in Puchberg am Schneeberg.

1923 September: Besuch des jungen Logikers Frank Ramsey in Puchberg.

1924 Wechsel an die Schule von Otterthal.

1925 In den Sommerferien reist Wittgenstein nach England, um in Manchester und Cambridge Freunde zu besuchen.

1926 Wittgenstein publiziert ein *Wörterbuch für Volksschulen*. – Im April gibt er den Lehrerberuf auf. – 30. Juni: Tod der Mutter. – Ab Herbst: Beteiligung am Bau eines von Engelmann entworfenen Hauses für seine Schwester Gretl in der Kundmanngasse.

1927 Freundschaft mit Marguerite Respinger. – Erster Kontakt zu Moritz Schlick, Friedrich Waismann und anderen Mitgliedern des Wiener Kreises.

1928 Fertigstellung des Hauses in der Kundmanngasse.

1929 Im Januar reist Wittgenstein ohne feste Pläne nach Cambridge. Sogleich beginnt er mit philosophischen Aufzeichnungen und promoviert im Juni mit der *Abhandlung* als Dissertation. – Wittgenstein erhält vom Trinity College ein Forschungsstipendium. – Im Frühsommer schreibt er »Some Remarks on Logical Form«, im November einen Vortrag über Ethik.

1930 19. Januar: Ramsey stirbt. – 20. Januar: Erste Vorlesung in Cambridge. – Im Frühjahr Fertigstellung eines Typoskripts (*Philosophische Bemerkungen*). – Ab Oktober arbeitet Wittgenstein als Faculty Lecturer; im Dezember wird er Fellow des Trinity College.

1931 Reise mit Marguerite Respinger nach Norwegen.

1932 Im Sommer beginnt Wittgenstein in Österreich mit einer Auswahl aus seinen seit 1929 geschriebenen Manuskripten. – Im Dezember bahnt sich die Freundschaft mit Francis Skinner an.

1933 Wahrscheinlich in den Osterferien Beginn des Diktats des »Big Typescript«. – Im Herbst erste Diktate des *Blue Book*.

1934 Ab Herbst: Erstellung des *Brown Book*.

1935 September: Reise in die Sowjetunion.

1936 Ab August: In Norwegen Arbeit an einer deutschen Fassung des *Brown Book*. Damit unzufrieden, beginnt Wittgenstein ein neues Projekt: Das erste Drittel der *Philosophischen Untersuchungen* entsteht. – 7. November: Briefliches »Geständnis« an Hänsel. – Weitere Beichten werden an Angehörige der Familie gerichtet.

1937 Bei erneuten Aufenthalten in Skjolden setzt Wittgenstein die Arbeit an seinem Manuskript fort.

1938 Bei seinem Freund Maurice O'Connor Drury in Dublin erfährt er vom »Anschluss« Österreichs ans Deutsche Reich. – Wittgenstein bemüht sich um die britische Staatsbürgerschaft und sorgt sich um die in Wien gebliebenen Schwestern, die wegen ihrer jüdischen Herkunft in Gefahr sind. – Erste Anfrage bei Cambridge University Press, um die damalige Frühfassung der *Philosophischen Untersuchungen* zu publizieren.

1939 11. Februar: Wittgenstein wird auf den vakanten Lehrstuhl G. E. Moores berufen. – Im April erhält er die britische Staatsbürgerschaft. – Durch Vermögensverschiebungen nach Deutschland, an denen Wittgenstein tatkräftig mitwirkt, gelingt es, die Geschwister von der unmittelbaren Gefahr der Deportation zu befreien. – Ab Oktober: Professor in Cambridge.

1940 Beschäftigung mit Fragen der Philosophie der Mathematik.

1941 11. Oktober: Skinner stirbt. – Wittgenstein lässt seine Professur ruhen und arbeitet an einem Londoner Krankenhaus.

1942 April: Gallensteinoperation. – Im Sommer besucht er seinen Freund und ehemaligen Studenten Rush Rhees in Wales.

1943 Ab April: Beteiligung an einer medizinischen Forschungsgruppe in Newcastle.

1944 Januar: Wieder in Cambridge, lässt sich Wittgenstein beurlauben und fährt nach Swansea in Wales, um an seinem Manuskript zu arbeiten. Der Grundstock für das zweite Drittel der *Philosophischen Untersuchungen* entsteht. – Oktober: Rückkehr nach Cambridge und Wiederaufnahme seiner Lehrtätigkeit.

1945 Im Winter lernt er den Medizinstudenten Ben Richards kennen.

1946 Beendigung der *Philosophischen Untersuchungen.*

1947 Vorlesungen über die Philosophie der Psychologie. – Wittgenstein beschließt, die Professur zum Jahresende aufzugeben. – Reisen nach Wales, Dublin und Wien. – 18. November: Wittgenstein verlässt Cambridge und fährt nach Dublin, um die Aufzeichnungen über die Philosophie der Psychologie fortzuführen.

1948 Januar: Umzug nach Red Cross (Wicklow). – Im April zieht Wittgenstein in ein Cottage in der Grafschaft Galway. – Im Sommer trifft er in Irland und später in England mit Ben Richards zusammen.

1949 Juni/Juli: Nach längeren Aufenthalten in Dublin und Wien ist Wittgenstein in England und arbeitet an einem Auszug aus seinen Manuskripten über die Philosophie der Psychologie. – 21. Juli: Abreise mit der »Queen Mary« nach Amerika, wo er bis Ende Oktober bei Norman Malcolm in Ithaca wohnt. – Bei seiner Rückkehr erfährt er, dass er an Prostatakrebs leidet. – Dezember: Letzte Reise nach Wien.

1950 10. Februar: Wittgensteins älteste Schwester Hermine (»Mining«) stirbt.– Aufgrund der Einnahme extrem starker Medikamente ist Wittgenstein in seiner Arbeitsfähigkeit erheblich beeinträchtigt. – Mitte Oktober reist er für etwa einen Monat mit Ben Richards nach Norwegen.

1951 Wittgenstein wohnt im Haus seines Arztes Dr. Bevan in Cambridge, dessen Frau sich um den Kranken kümmert. – Nachdem die Medikamente abgesetzt worden sind, schreibt Wittgenstein wieder an Bemerkungen über Gewissheit. Die letzten Notizen stammen vom 27. April. – Am 29. April stirbt Wittgenstein.

Bibliographie

Auf die Nennung der verschiedenen Ausgaben der Werke von Ludwig Wittgenstein wurde in dieser Literaturauswahl verzichtet; sie sind im Werklexikon an entsprechender Stelle verzeichnet. Das gilt ebenso für die dort aufgeführte Sekundärliteratur zu den einzelnen Texten.

Zur Zitierweise: Auf Seiten in der zitierten Literatur wird mit vorangestelltem »S.« verwiesen, z. B. »S. 69«. – Auf Teile der Schriften Wittgensteins wird mit großen römischen Ziffern verwiesen, z. B. »ÜF III«; auf Teilabschnitte des »II. Teils« der *Philosophischen Untersuchungen* mit kleinen römischen Ziffern, z. B. »PhU II, iv«. – Nummerierte Bemerkungen in Wittgensteins Schriften werden durch Paragraphenzeichen gekennzeichnet, z. B. »PhU, § 185«. – Die Bemerkungen der *Logisch-philosophischen Abhandlung* wurden von Wittgenstein mit Hilfe eines Systems von Dezimalzahlen nummeriert, die auch hier verwendet werden. – Zettel, die Wittgenstein in die *Philosophischen Untersuchungen* eingelegt hatte, wurden in früheren Ausgaben am Fuß der betreffenden Seite abgedruckt. In der Kritisch-genetischen Edition und der auf ihr fußenden Neuausgabe in der Bibliothek Suhrkamp werden sie eingerahmt an der relevanten Textstelle wiedergegeben. Auf sie wird mit dem Buchstaben »Z« verwiesen, z. B. »§ 28 Z« (= der zum § 28 gehörige Zettel). – Wittgensteins Rechtschreibung und Zeichensetzung wurden an einigen Stellen behutsam normalisiert.

Siglen für Texte von Ludwig Wittgenstein

BGM *Bemerkungen über die Grundlagen der Mathematik* (= WW 6).

BlB *Blaues Buch (Blue Book)* (in: WW 5).

BPhPs *Bemerkungen über die Philosophie der Psychologie* (in: WW 7).

BrB *Braunes Buch (Brown Book)* (in: WW 5).

Briefe *Briefwechsel mit B. Russell, G. E. Moore, J. M. Keynes, F. P. Ramsey, W. Eccles, P. Engelmann und L. von Ficker*, hg. von B. F. McGuinness und G. H. von Wright, Frankfurt a. M. 1980.

BT »Big Typescript«, zit. n. *Wittgenstein's Nachlass. The Bergen Electronic Edition*, Oxford 2000.

CL *Cambridge Letters. Correspondence with Russell, Keynes, Moore, Ramsey and Sraffa*, hg. von B. F. McGuinness und G. H. von Wright, Oxford 1995.

DB *Denkbewegungen. Tagebücher 1930-1932, 1936-1937*, hg. von I. Somavilla, Frankfurt a. M. 1999.

FB *Familienbriefe*, hg. von B. F. McGuinness, M. C. Ascher und O. Pfersmann, Wien 1996.

LphA *Logisch-philosophische Abhandlung* (*Tractatus logico-philosophicus*) (in: WW 1).

LS *Letzte Schriften über die Philosophie der Psychologie* (in: WW 7).

MS Manuskript nach der Nummerierung des von G. H. von Wright angefertigten Katalogs der Nachlassschriften, in: von Wright, *Wittgenstein*, Frankfurt a. M. 1986, S. 45-76.

PhB *Philosophische Bemerkungen* (= WW 2).

PhG *Philosophische Grammatik* (= WW 4).

PhU *Philosophische Untersuchungen* (in: WW 1).

ÜF *Bemerkungen über die Farben* (in: WW 8).

ÜG *Über Gewißheit* (in: WW 8).

VB *Vermischte Bemerkungen*, hg. von A. Pichler und G. H. von Wright, Frankfurt a. M. 1994.

WW *Werkausgabe*, 8 Bde., Frankfurt a. M. 1984.

WWK *Ludwig Wittgenstein und der Wiener Kreis* (= WW 3).

Weitere Texte von Ludwig Wittgenstein

– *Letzte Schriften über die Philosophie der Psychologie* (II). *Das Innere und das Äußere. 1949-1951*, hg. von G. H. von Wright und H. Nyman, Frankfurt a. M. 1993.

– *Philosophical Occasions 1912-1951*, hg. von J. Klagge und A. Nordmann, Indianapolis/Cambridge 1993.

– *Vorlesungen 1930-1935*, hg. von D. Lee, A. Ambrose und M. Macdonald, Frankfurt a. M. 1984.

– *Vorlesungen über die Philosophie der Psychologie 1946/47*, hg. von P. Th. Geach, Frankfurt a. M. 1991.

– *Vortrag über Ethik und andere kleine Schriften*, hg. von J. Schulte, Frankfurt a. M. 1989.

– *Wiener Ausgabe*, hg. von M. Nedo, Wien 1993 ff. (Manuskripte und Typoskripte aus der Zeit zwischen 1929 und 1933, bisher erschienen 7 Bände, 1 Einleitungsband und 2 Zusatzbände).

– *Wittgenstein's Nachlass. Text and Facsimile. The Bergen Electronic Edition*, CD-ROM, Oxford 2000.

– *Wittgensteins Vorlesungen über die Grundlagen der Mathematik* (1939), hg. von C. Diamond, Frankfurt a. M. 1978.

Briefausgaben

Alber, Martin (Hg.), *Wittgenstein und die Musik. Ludwig Wittgenstein – Rudolf Koder: Briefwechsel*, Innsbruck 2000.

Engelmann, Paul, *Briefe und Begegnungen*, hg. von B. F. McGuinness, Wien/München 1970.

Ludwig Hänsel – Ludwig Wittgenstein. Eine Freundschaft, hg. von I. Somavilla, A. Unterkircher und Ch. P. Berger, Innsbruck 1994.

von Wright, Georg Henrik (Hg.), »Letters from Ludwig Wittgenstein to Georg Henrik von Wright«, in: Wittgenstein, Ludwig, *Philosophical Occasions*, Indianapolis/Cambridge 1993, S. 459-479 (dt. von S. Stössel in: *Weder – Noch. Tangenten zu den finnisch-österreichischen Kulturbeziehungen. Mitteilungen aus der deutschen Bibliothek Helsinki*, o. J.).

von Wright, Georg Henrik (Hg.), *Ludwig Wittgenstein, Letters to C. K. Ogden*, Oxford 1973.

Wittgenstein, Ludwig, *Gesamtbriefwechsel. The Innsbruck Electronic Edition*, CD-ROM / Web Server, Past Masters (www.nlx.com), seit 2004.

Bibliographien und Konkordanzen

Börncke, Frank/Roser, Andreas (Hg.), *Konkordanz zu Ludwig Wittgensteins Tractatus logico-philosophicus*, Hildesheim 1995.

Frongia, Guido/McGuinness, Brian, *Wittgenstein. A Bibliographical Guide*, Oxford 1990.
Kommentierte und gut aufgebaute Auswahlbibliographie der Literatur bis 1989.

Kaal, Hans/McKinnon, Alastair (Hg.), *Concordance to Wittgenstein's Philosophische Untersuchungen*, Leiden 1975.

Philipp, Peter, *Bibliographie zur Wittgenstein-Literatur*, Bergen 1996.
Vollständigkeit anstrebende Liste der Literatur bis 1995.

Biographisches

Malcolm, Norman, *Erinnerungen an Wittgenstein*, Frankfurt a. M. 1987.
Glänzend geschriebene, um zahlreiche Briefzitate ergänzte Erinnerungen eines ehemaligen Studenten Wittgensteins.

McGuinness, Brian, *Wittgensteins frühe Jahre*, Frankfurt a. M. 1988.
Umfassender und zuverlässigster Überblick über die erste Hälfte von Wittgensteins Leben.

Monk, Ray, *Wittgenstein. Das Handwerk des Genies*, Stuttgart 1992
Bisher einzige umfangreiche Gesamtbiographie.
Nedo, Michael/Ranchetti, Michele (Hg.), *Ludwig Wittgenstein. Sein Leben in Bildern und Texten*, Frankfurt a. M. 1983.
Üppig ausgestattet, zahlreiche Bild- und Textdokumente.
Rhees, Rush (Hg.), *Ludwig Wittgenstein. Porträts und Gespräche*, Frankfurt a. M. 1987.
Eindringliche Schilderungen aus den Familienerinnerungen der Schwester Hermine sowie von Freunden und Schülern Wittgensteins.

Literatur zu Wittgenstein

Anscombe, G. E. M., *An Introduction to Wittgenstein's Tractatus*, London 1959.
Mitunter eigenwillige, aber besonders im Hinblick auf Fragestellungen, die mit logischen Problemen – Frege und Russell – zusammenhängen, anregende Interpretation.
Baker, Gordon/Hacker, Peter, *An Analytical Commentary on the Philosophical Investigations*, 4 Bde., Oxford 1980, 1985, 1990 und 1996.
Die letzten beiden Bände von Hacker allein; Einzelstellenkommentar und einen Überblick verschaffende Essays über Einzelthemen; monumental, unentbehrlich, anregend.
Black, Max, *A Companion to Wittgenstein's Tractatus*, Cambridge 1964.
Immer noch ein unentbehrliches Hilfsmittel zur eingehenden Beschäftigung mit Wittgensteins Frühwerk; sehr klar und übersichtlich.
Canfield, John (Hg.), *The Philosophy of Wittgenstein*, 15 Bde., New York 1986.
Umfangreiche Sammlung bereits publizierter Aufsätze zu vielen Aspekten von Wittgensteins Werk.
Conant, James, »Elucidation and Nonsense in Frege and Early Wittgenstein«, in: Crary/Read (Hg.), *The New Wittgenstein*, London 2000, S. 174-217.
Paradebeispiel für den überaus einflussreichen Interpretationsansatz von Conant und Diamond.
Copi, Irving M./Beard, Robert W. (Hg.), *Essays on Wittgenstein's Tractatus*, London 1966.
Sammlung nach wie vor nützlicher Aufsätze über das Frühwerk.
Crary, Alice/Read, Rupert (Hg.), *The New Wittgenstein*, London 2000.
Enthält neben neuen und nicht mehr ganz neuen Aufsätzen von Ca-

vell, Conant, Diamond und McDowell eine ausführliche und fundierte Kritik des »New-Wittgenstein«-Ansatzes von Peter Hacker.

Diamond, Cora, *The Realistic Spirit. Wittgenstein, Philosophy, and the Mind*, Cambridge (Mass.) 1991.
Vielbeachtete Aufsätze über die Interpretation verschiedener Aspekte von Wittgensteins Werk; manchmal enigmatisch, immer anregend.

Fogelin, Robert J., *Wittgenstein*, London/New York 1976 (2. Aufl., 1987).
Klar geschriebener, aber mitunter anspruchsvoller Gesamtüberblick.

Glock, Hans-Johann, *Wittgenstein-Lexikon*, Darmstadt 2000.
Mehrseitige erläuternde Überblicksartikel über zentrale Begriffe von Wittgensteins Denken; sehr hilfreich und anregend.

Hacker, P. M. S., *Wittgenstein im Kontext der analytischen Philosophie*, Frankfurt a. M. 1997.
Kenntnisreiche und übersichtliche Darstellung des Verhältnisses zwischen Wittgensteins Denken und verschiedenen Strömungen der analytischen Philosophie.

Hallett, Garth L., *A Companion to Wittgenstein's »Philosophical Investigations«*, Ithaca (N. Y.) 1977.
Zum Teil überholt, aber übersichtlich und hilfreich vor allem wegen der zahlreichen Verweise auf Manuskriptstellen oder sonstige Parallelen.

Kenny, Anthony, *Wittgenstein*, Frankfurt a. M. 1974.
Zuverlässige, sehr klar geschriebene, mitunter anspruchsvolle Einführung in das Gesamtwerk.

Kienzler, Wolfgang, *Wittgensteins Wende zu seiner Spätphilosophie. 1930-1932*, Frankfurt a. M. 1997.
Ausgezeichnet dokumentierte Abhandlung über die ersten Jahre von Wittgensteins mittlerer Periode.

Kripke, Saul, *Wittgenstein über Regeln und Privatsprache*, Frankfurt a. M. 1987.
Eigenwillig, gelegentlich brillant und enorm einflussreich.

Pitcher, George (Hg.), *Wittgenstein, the Philosophical Investigations. A Collection of Critical Essays*, Garden City (N. Y.) 1966.
Nach wie vor nützliche Sammlung von wichtigen Rezensionen und Aufsätzen über verschiedene Aspekte des Spätwerks.

Raatzsch, Richard, *Eigentlich Seltsames. Wittgensteins Philosophische Untersuchungen*, Paderborn 2003.
Erster Teil einer mehrbändig angelegten, originellen und mitunter kontroversen Gesamtinterpretation.

Savigny, Eike von (Hg.), *Ludwig Wittgenstein. Philosophische Untersuchungen*, Berlin 1998.
Nützliche Sammlung von Originalbeiträgen zum Spätwerk.
Savigny, Eike von, *Wittgensteins »Philosophische Untersuchungen«. Ein Kommentar für Leser*, 2 Bde., 2. Aufl., Frankfurt a. M. 1994 und 1996.
Sehr hilfreicher Einzelstellenkommentar, glänzende Rekonstruktion der Argumentation.
Schulte, Joachim (Hg.), *Texte zum Tractatus*, Frankfurt a. M. 1989.
Übersetzungen von wichtigen Artikeln zum Frühwerk.
Schulte, Joachim, *Wittgenstein. Eine Einführung*, Stuttgart 1989.
Einführender Überblick.
Shanker, Stuart (Hg.), *Wittgenstein. Critical Assessments*, 5 Bde., London 1986; *Wittgenstein. Critical Assessments, Second Series*, 4 Bde., London 2002.
Umfangreiche Sammlung bereits publizierter Aufsätze zu Wittgensteins Werk.
Sluga, Hans/Stern, David, *The Cambridge Companion to Wittgenstein*, Cambridge 1996.
Sammlung teils einführender, teils weiterführender Originalbeiträge zu verschiedenen Aspekten von Wittgensteins Werk.
Stegmüller, Wolfgang, *Hauptströmungen der Gegenwartsphilosophie*, Bd. 1, 6. Aufl., Stuttgart 1978.
Enthält eine einflussreiche und nach wie vor vielgelesene Darstellung der Philosophie von »Wittgenstein I und II«.
Stenius, Erik, *Wittgenstein's Tractatus. A Critical Exposition of the Main Lines of Thought*, Oxford 1960.
Vielzitierter und einflussreicher Interpretationsansatz, betont Parallelen zwischen Wittgenstein und Kant.
Toulmin, Stephen/Janik, Alan, *Wittgensteins Wien*, München 1986.
Kenntnisreicher, stimulierender und gelegentlich kontroverser Überblick über den kulturellen Kontext von Wittgensteins Jugend.
von Wright, Georg Henrik, *Wittgenstein*, Frankfurt a. M. 1986.
Unentbehrlich, enthält unter anderem den Katalog von Wittgensteins Nachlass und mehrere historisch-biographische Arbeiten.
Vossenkuhl, Wilhelm (Hg.), *Ludwig Wittgenstein. Tractatus logico-philosophicus*, Berlin 2001.
Nützliche Sammlung von Originalbeiträgen zum Frühwerk.

Weitere Literatur

Ambrose, Alice, »Ludwig Wittgenstein. A Portrait«, in: Ambrose, Alice/Lazerowitz, Morris (Hg.), *Ludwig Wittgenstein. Philosophy and Language*, London 1972, S. 13-25.

Bernhard, Thomas, *Goethe schtirbt*, in: Bernhard, *Werke*, Bd. 14: *Erzählungen, Kurzprosa*, Frankfurt a. M. 2003, S. 398-413.

Britton, Karl, »Portrait of a Philosopher«, in: Fann, K. T. (Hg.), *Ludwig Wittgenstein. The Man and His Philosophy*, New York 1967, S. 56-63.

Carnap, Rudolf, *Mein Weg in die Philosophie*, Stuttgart 1993.

Eagleton, Terry, *Wittgenstein. The Terry Eagleton Script, the Derek Jarman Film*, London 1993.

Feigl, Herbert, »The Wiener Kreis in America«, in: Fleming, Donald/Bailyn, Bernard (Hg.), *The Intellectual Migration. Europe and America. 1930-1960*, Cambridge (Mass.) 1969, S. 630-673.

Feyerabend, Paul, *Zeitverschwendung*, Frankfurt a. M. 1995.

Honegger, Gitta, *Thomas Bernhard*, München 2003.

Konnertz, Winfried, *Eduardo Paolozzi*, Köln 1984.

Kreisel, Georg, Rezension von Wittgensteins *Bemerkungen über die Grundlagen der Mathematik*, in: *British Journal of the Philosophy of Science* (1958), S. 135-158.

Menger, Karl, *Reminiscences of the Vienna Circle and the Mathematical Colloquium*, Dordrecht 1994.

Ramsey, Frank, *Philosophical Papers*, hg. von D. H. Mellor, Cambridge 1990.

Russell, Bertrand, *My Philosophical Development*, London 1959.

Russell, Bertrand, *The Autobiography of Bertrand Russell*, Bd. 2, London 1968.

Russell, Bertrand, »The Philosophy of Logical Atomism« (1918/19), in: Russell, *Collected Papers*, Bd. 8, London 1986, S. 155-244.

Ryle, Gilbert, Rezension von Wittgensteins *Bemerkungen über die Grundlagen der Mathematik* (1957), in: Ryle, *Collected Papers*, Bd. 1, London 1971, S. 258-267.

Staten, Henry, *Wittgenstein and Derrida*, Oxford 1985.

Steutzger, Inge, *»Zu einem Sprachspiel gehört eine ganze Kultur«. Wittgenstein in der Prosa von Ingeborg Bachmann und Thomas Bernhard*, Freiburg i. Br. 2001.

von Wright, Georg Henrik (Hg.), *A Portrait of Wittgenstein as a Young Man. From the Diary of David Hume Pinsent 1912-1914*, Oxford 1990.

Weigel, Sigrid, *Ingeborg Bachmann, Hinterlassenschaften unter Wahrung des Briefgeheimnisses*, Wien 1999.

Zeitschriften

Philosophical Investigations (Oxford, seit 1978).
Wittgenstein-Studien (Passau, seit 1994).

Internet

The Wittgenstein Portal by The Wittgenstein Archives at the University of Bergen (www.wittgenstein-portal.com), mit vielen nützlichen Links, unter anderem zur Deutschen und zur Österreichischen Ludwig Wittgenstein Gesellschaft.

Personenregister

Werkregister

Bildnachweis

Cinetext, Frankfurt am Main: 131
The Master and Fellows of Trinity College, Cambridge: 57, 62, 85
Wittgenstein Archive, Cambridge: 3, 7, 11, 12, 13, 15, 16, 18, 19, 21, 25, 28, 32, 33, 39, 42, 43, 50, 53, 56, 65, 75, 83, 89, 124

aus: Brian McGuinness/Maria Concetta Ascher/Otto Pfersmann (Hg.). Wittgenstein Familienbriefe. Verlag Hölder-Pichler-Tempsky, Wien 1996: Seite 24 (Familienalbum Dr. Katarina Eisenburger, Seite 36 (Archiv der Österreichischen Ludwig-Wittgenstein-Gesellschaft)

aus: Bernhard Leitner. The Architecture of Ludwig Wittgenstein. Academy Editions, London 1995: Seite 30 und 111

aus: Kurt Wuchterl/Adolf Hübner. Wittgenstein. Reinbek 1979, S. 119 (Foto Adolf Hübner)

Alle anderen Abbildungen stammen aus dem Archiv des Suhrkamp Verlags.

Wir danken Michael Nedo, Wittgenstein Archive Cambridge, für seine freundliche Unterstützung.

Ludwig Wittgenstein im Suhrkamp Verlag

Werkausgabe in acht Bänden. 3497 Seiten. Leinen in Kassette und stw 501-508 (stw auch einzeln lieferbar)

Band 1: Tractatus logico-philosophicus. Tagebücher 1914-1916. Philosophische Untersuchungen. Für die vorliegende Ausgabe wurde der Text durchgesehen von Joachim Schulte. stw 501. 621 Seiten
Band 2: Philosophische Bemerkungen. Aus dem Nachlaß herausgegeben von Rush Rhees. Für die vorliegende Ausgabe wurde der Text neu durchgesehen von Heikki Nyman und Joachim Schulte. stw 502. 319 Seiten
Band 3: Ludwig Wittgenstein und der Wiener Kreis. Gespräche, aufgezeichnet von Friedrich Waismann. Aus dem Nachlaß herausgegeben von B. F. McGuinness. stw 503. 266 Seiten
Band 4: Philosophische Grammatik. Herausgegeben von Rush Rhees. stw 504. 491 Seiten
Band 5: Das Blaue Buch. Herausgegeben von Rush Rhees. stw 505. 282 Seiten
Band 6: Bemerkungen über die Grundlagen der Mathematik. Herausgegeben von G. E. M. Anscombe, Rush Rhees und G. H. Wright. stw 506. 446 Seiten
Band 7: Bemerkungen über die Philosophie der Psychologie. Letzte Schriften über die Philosophie der Psychologie. Herausgegeben von G. E. M. Anscombe, G. H. von Wright und Heikki Nyman. Für die vorliegende Ausgabe wurde der Text neu durchgesehen von Joachim Schulte. stw 507. 500 Seiten
Band 8: Bemerkungen über die Farben. Herausgegeben von G. E. M. Anscombe, G. H. von Wright unter Mitarbeit von Heikki Nyman. Für die vorliegende Ausgabe wurde der Text neu durchgesehen von Joachim Schulte. stw 508. 575 Seiten

Letzte Schriften über die Philosophie der Psychologie. Das Innere und das Äußere 1949-1951. Herausgegeben von Georg Henrik von Wright und Heikki Nyman. 131 Seiten. Leinen

Logisch-philosophische Abhandlung. Tractatus logico-philosophicus. Kritische Edition. Herausgegeben von Brian McGuinness und Joachim Schulte. Gebunden und stw 1359. 310 Seiten

Philosophische Untersuchungen: Kritisch-genetische Edition. Herausgegeben von Joachim Schulte in Zusammenarbeit mit Heikki Nyman, Eike von Savigny und Georg Henrik von Wright. 1164 Seiten. Leinen

Philosophische Untersuchungen. BS 1372. Mit einem Nachwort von Joachim Schulte. 312 Seiten

Tractatus logico-philosophicus. Logisch-philosophische Abhandlung. es 12. 115 Seiten

Tractatus logico-philosophicus. Logisch-philosophische Abhandlung. BS 1322. Textkritisch revidiert und mit einem Nachwort von Joachim Schulte. 152 Seiten

Über Gewißheit. Herausgegeben von G. E. M. Anscombe und G. H. von Wright, in Zusammenarbeit mit Rush Rhees. BS 250. 179 Seiten

Vermischte Bemerkungen. Eine Auswahl aus dem Nachlaß. Herausgegeben von Georg Henrik von Wright unter Mitarbeit von Heikki Nyman. Neubearbeitung durch Alois Pichler. 205 Seiten. Leinen

Vorlesungen 1930-1935. Cambridge 1930-1932. Aus den Aufzeichnungen von John King und Desmond Lee. Herausgegeben von Desmond Lee. Cambridge 1932-1935. Aus den Aufzeichnungen von Alice Ambrose und Margaret Macdonald. Herausgegeben von Alice Ambrose. Übersetzt von Joachim Schulte. Leinen und stw 865. 452 Seiten

Vortrag über Ethik. Und andere kleine Schriften. Herausgegeben und übersetzt von Joachim Schulte. stw 770. 142 Seiten

Über Ludwig Wittgenstein

P. M. S. Hacker. Wittgenstein im Kontext der analytischen Philosophie. Übersetzt von Joachim Schulte. 634 Seiten. Leinen

Merrill B. Hintikka / Jaakko Hintikka. Untersuchungen zu Wittgenstein. Übersetzt von Joachim Schulte. stw 1224. 419 Seiten

Wolfgang Kienzler. Wittgensteins Wende zu seiner Spätphilosophie 1930 bis 1932. Eine historische und systematische Darstellung. 339 Seiten. Pappband

Saul A. Kripke. Wittgenstein über Regeln und Privatsprache. Eine elementare Darstellung. Übersetzt von Helmut Pape. stw 1783. 180 Seiten

Brian McGuinness. Wittgensteins frühe Jahre. Übersetzt von Joachim Schulte. Leinen und stw 1014. 492 Seiten

Rush Rhees (Hg.). Ludwig Wittgenstein. Porträts und Gespräche. Hermine Wittgenstein, Fania Pascal, F. R. Leavis, John King, M. O' C. Drury. Mit einer Einleitung von Norman Malcolm. Übersetzt von Joachim Schulte. stw 985. 282 Seiten

Eike von Savigny / Oliver Scholz (Hg.). Wittgenstein über die Seele. stw 1173. 304 Seiten.

Joachim Schulte. Chor und Gesetz. Wittgenstein im Kontext. stw 899. 166 Seiten

Joachim Schulte (Hg.). Texte zum Tractatus. Aufsätze von Hidé Ishiguro, Anthony Kenny, Norman Malcom, Brian McGuinness, David Pears, Frank Ramsey, Peter Simons. Herausgegeben und übersetzt von Joachim Schulte. stw 771. 194 Seiten

Georg Henrik von Wright. Wittgenstein. Übersetzt von Joachim Schulte. Gebunden und stw 887. 226 Seiten

Suhrkamp BasisBiographien

Ein spannendes Leben, ein beeindruckendes Werk, eine nachhaltige Wirkung – die Suhrkamp BasisBiographien erzählen von Leben, Werk und Wirkung der großen Persönlichkeiten der Weltgeschichte.

Hermann Hesse
Von Michael Limberg
sb 1. 160 Seiten
ISBN 3-518-18201-3

Friedrich Schiller
Von Volker Dörr
sb 2. 160 Seiten
ISBN 3-518-18202-1

Hans Christian Andersen
Von Gisela Perlet
sb 3. 160 Seiten
ISBN 3-518-18203-X

Walter Benjamin
Von Momme Brodersen
sb 4. 160 Seiten
ISBN 3-518-18204-8

Buddha
Von Ursula Gräfe
sb 5. 160 Seiten
ISBN 3-518-18205-6

Che Guevara
Von Stephan Lahrem
sb 6. 160 Seiten
ISBN 3-518-18206-4

Heinrich Heine
Von Joseph A. Kruse
sb 7. 160 Seiten
ISBN 3-518-18207-2

Isabel Allende
Von Martina Mauritz
sb 8. 160 Seiten
ISBN 3-518-18208-0

Ludwig Wittgenstein
Von Joachim Schulte
sb 9. 160 Seiten
ISBN 3-518-18209-9

Wolfgang Amadeus Mozart
Von Malte Korff
sb 10. 160 Seiten
ISBN 3-518-18210-2